우리 아이에게
꼭 먹이고 싶은 쑥쑥 크는

유아식

아이가 좋아하고 엄마도 편한
레시피를 담았어요

결혼을 하고 아이가 태어나면서 식단이 자연스레 아이 위주로 바뀌게 되었어요. 어떻게 먹이면 우리 아이가 감기에 덜 걸릴까⋯, 키가 조금 더 자랄까⋯. 매일매일 좋은 재료와 레시피만 생각하게 되었지요.

그렇게 고민하고 깐깐하게 만든 레시피를 하나둘씩 블로그에 올렸어요. 그러다보니 어느새 많은 분들이 찾아주시고 또 도움이 되었다고 칭찬해주시더라고요. 아마도 보건소에서 영양상담사로 일하며 경험한 다양한 사례가 제게 큰 도움이 된 것 같아요. 이 책은 더 많은 엄마들과 이런 좋은 정보를 나누고 싶다는 작은 바람이 생겨 시작하게 되었답니다.

다양한 식재료로 아이에게 좋은 밥상을 차려 주는 일이 결코 쉬운 일이 아니라는 걸 잘 알고 있어요. 살림과 육아, 심지어 직장생활까지 하는 엄마들에겐 더 그렇지요. 그래서 아이들뿐만 아니라 세상 모든 엄마들에게도 힘이 될 수 있는 레시피를 담았어요. 어렵지 않고, 재료도 간단하고, 아이들이 참 좋아하는 음식들만 모았답니다.

지금 이 책을 보고 있는 엄마라면, 스스로를 칭찬해주세요. 아이를 위해 건강한 먹거리를 찾고, 맛있는 엄마표 요리를 만들어 주려는 의지가 있는 거잖아요.

우리 아이들이 바른 식습관을 익혀 튼튼하게 쑥쑥 자라나는 데 〈우리 아이에게 꼭 먹이고 싶은 유아식〉이 작은 보탬이 되었으면 좋겠습니다.

마누엘 엄마 박효선

Part 1
먹을수록 건강해지는 한 접시
반찬

Part 2
아이 입맛 사로잡는 국물요리
국·찌개

Part 3

영양을 가득 담은 한 그릇
일품요리

Part 4
아이는 맛있게 먹고, 엄마는 안심
간식

Part 5
사랑을 꼭꼭 담아 한 입에 쏘옥
도시락

* 각 메뉴에 표시된 영양성분은 제시된 레시피(1인분) 기준입니다.

꼭 알고 지켜야 할 유아식 원칙

+ 먼저 바른 식습관을 보여주세요

유아식은 아이의 성장에 필요한 영양소를 공급하는 것 못지않게 아이가 성인이 되었을 때에도 건강한 식습관을 유지할 수 있도록 입맛을 들이는 역할을 하는 것이 중요하다. 세 살 버릇 여든까지 간다는 말처럼 유아 때의 식습관이 평생 굳어질 수 있기 때문이다. 아이가 건강한 식습관을 익힐 수 있도록 가족의 식단을 조절해 부모가 본보기가 되는 것이 가장 효과적이다.

이를 위해서는 아이를 위한 음식을 따로 준비하기보다 온 가족의 밥상을 건강하게 차려 아이가 자연스럽게 익숙해지도록 만드는 것이 좋다. 이때 부모가 바른 식습관을 보여주는 것이 중요하다. 채소를 많이 먹고, 과식하지 않으며, TV 앞이 아니라 식탁에 모여 앉아서 이야기하며 식사하는 등 식사시간을 즐기는 모습을 보여준다. 함께 식사하며 아이의 식습관도 관찰하고 좋은 식습관을 만들어 나갈 수 있도록 한다.

+ 영양성분표를 꼭 확인하세요

식재료를 구입할 때 제품에 표시된 함유 성분과 영양성분표를 살펴 불필요한 성분이 많지 않은지 확인한다. 특히 당, 염분, 지방의 함유량을 체크해 아이가 너무 많이 섭취하지 않도록 항상 신경 써야 한다.

아이들은 당에 쉽게 노출되는데, 특히 설탕과 같은 단순당은 너무 많이 먹으면 당뇨병의 원인이 될 수 있다. 또한 염분을 많이 섭취하기 쉬운 한식은 아이들 입맛을 짜게 길들여 커서도 짠 음식만 찾게 될 수 있다. 지나친 염분 섭취는 성인이 되어 고혈압과 같은 혈관질환을 일으킬 수 있으므로 어릴 때부터 짠맛에 길들여지는 일이 없도록 해야 한다. 고기와 치즈, 우유, 아이스크림, 각종 인스턴트식품도 주위를 기울여야 한다.

지방의 과다섭취로 비만과 연관된 다양한 합병증을 일으킬 수 있기 때문이다. 필요 이상의 지방은 소아비만을 부르고 커서는 성인병의 주범이 될 수 있으니 항상 신경 쓴다.

+ 아침식사를 꼭 챙겨주세요

아이들에게는 하루 세끼가 모두 중요하지만, 유치원이나 학교에 다니는 활동량이 많은 아이들에게는 아침식사가 특히 중요하다. 아침식사를 하지 않고 나머지 식사로 하루에 필요한 칼로리와 영양을 다 채우기는 어려울 뿐 아니라, 밤새 공복이었다가 아침식사를 충분히 하지 않고 하루를 시작하면 칼로리 부족, 저혈당 등으로 학습능력과 집중력이 낮아지고 모든 일에 적극적으로 참여하려는 의욕도 떨어지게 된다.

그렇다고 해서 거창한 밥상을 차려 줘야 하는 것은 아니다. 간단하게 시리얼과 과일 또는 곡물빵과 우유 정도로 준비해도 충분하다. 아침식사는 아이들의 몸과 마음 모두를 발달시키는 중요한 요소다. 반드시 꼬박꼬박 챙기도록 한다.

아이들이 건강하게 자라기 위해서는 '무엇'을 먹는지 만큼이나 '어떻게' 먹는지도 중요합니다.
유아식을 시작하기 전에 반드시 지켜야 할 원칙을 기억해두세요.
엄마가 아는 만큼 아이도 건강해집니다.

+ 영양 균형은 2~3일 단위로 맞추세요

성장기 아이들에게 균형 있는 영양 공급이 얼마나 중요한지는 누구나 안다. 하지만 매끼 균형 있는 식단을 짜는 것은 결코 쉬운 일이 아니다. 굳이 한 끼에 모든 영양을 다 챙겨야 할 필요는 없다. 2~3일에 걸쳐서 전체적으로 균형을 맞추면 된다.

한 끼에 모든 영양을 골고루 챙겨 먹이고 싶은 욕심에 아이에게 억지로 밥을 먹이거나 싫다는 음식을 입에 넣게 되면 오히려 거부감을 일으켜 영양 불균형을 불러올 수 있다. 조급해 하지 말고 여유로운 마음으로 2~3일 동안 골고루 영양을 챙겨준다면 아이와 부모 모두가 만족할 만한 식사시간이 될 것이다.

다만 고기, 생선, 달걀 중 한 가지는 매일 꼭 반찬으로 만들어 준다. 양질의 단백질과 지방의 섭취를 위해서다. 칼슘 섭취를 위해서는 저지방 우유를 하루 300~400mL, 또는 치즈와 요구르트를 간식으로 챙기는 것도 잊지 말아야 한다.

+ 하루 두세 번의 간식이 필요해요

아침식사만큼 중요한 것이 간식이다. 아이들에게 간식은 또 하나의 식사라고 할 수 있다. 아이들은 배가 빨리 고파지기 때문에 하루 두세 번의 간식이 필요하다. 하지만 식사량과 비슷할 정도로 많은 양을 주거나 식사시간 1~2시간 이내에 주는 것은 좋지 않다. 간식으로 배가 부르면 더 중요한 식사량이 줄어들 수 있기 때문이다.

간식은 되도록 식사 때 챙기기 어려운 과일과 유제품으로 준비하는 것이 좋다. 세계적으로 인정받는 식품 관련 기관인 미국농무부(USDA)에서는 하루 동안 우리가 먹는 음식량의 절반 정도를 과일과 채소로 먹으라고 권장한다. 식사 때 충분히 먹지 못하는 과일과 채소를 간식으로 먹으면 영양면에서 큰 도움이 된다. 우유도 아이들 간식으로 좋다. 성장에 필수적인 칼슘과 양질의 단백질이 풍부하기 때문이다. 다만 우유에 있는 포화지방산의 부담을 줄이기 위해 두 살부터는 저지방우유를 먹이는 것이 좋다.

+ 음료수는 피하고 물을 많이 주세요

아이들은 체내 수분 분포가 60~80% 정도로 성인보다 많다. 그렇기 때문에 충분한 수분 공급이 중요하다. 아이들의 수분 보충을 위해서는 물을 마시게 하는 것이 가장 좋다. 물 이외에 모든 음료수에는 칼로리가 있기 때문이다. 하지만 부모들은 아이들이 마시는 음료수의 칼로리나 영양성분에 무관심한 경향이 있다. 아이들이 좋아하는 탄산음료에는 당과 카페인이 많이 들어 있어 불필요한 성분을 지나치게 섭취하게 되니 주의해야 한다.

아이들에게 필요한 하루치 수분의 양이 정해지진 않았으나 수시로 물을 마실 수 있도록 챙겨주는 것이 좋다. 외출할 때도 물병을 챙겨서 다니는 등 아이가 갈증을 느낄 때 물을 충분히 마실 수 있도록 한다.

성장발달에 꼭 필요한 영양소

+ 우리 몸의 첫 번째 에너지원, 탄수화물

탄수화물은 몸속에서 우리 몸이 활동하는 데 가장 먼저 쓰이는 에너지원인 포도당으로 분해된다. 사람은 필요한 칼로리의 50~60%를 탄수화물에서 얻고, 탄수화물로 에너지원이 채워지지 않을 때 단백질이나 지방의 도움을 받는다.

탄수화물에는 실제 에너지원으로 쓰이는 단당류와 다당류, 에너지원은 아니지만 소화 기능 등 다양한 신체 기능을 돕는 식이섬유가 있다. 이중 흔히 영양표시에 등장하는 단순당은 포도당, 과당 같은 단당류와 이들이 결합해 만들어진 서당, 유당과 같은 이당류를 합한 것이다. 서당은 사탕수수나 꿀 등에, 유당은 우유나 유제품에 들어 있다. 다당류는 단당류가 10개에서 수천 개까지 합쳐진 것으로 곡류, 감자류 등의 녹말이 여기에 속한다.

탄수화물은 하루 섭취량이 없다. 지나치게 섭취하면 간이나 근육에 글리코겐의 형태로 쌓이거나 지방으로 전환되고, 적게 섭취하면 지방 성분들이 포도당으로 전환되기 때문이다. 다만 최근 탄수화물의 과잉 섭취가 비만의 원인으로 주목받는 만큼, 혈당치를 급격하게 올리는 단순당보다 천천히 흡수되는 다당류를 섭취하고, 건강에 유익한 식이섬유를 충분히 먹는 것이 좋다.

+ 몸을 만들고 감각기관을 발달시키는 단백질

3대 필수 영양소 중 하나인 단백질은 우리 몸의 에너지를 만드는 역할을 하며, 몸을 구성하는 다양한 세포와 감각을 조절하는 여러 호르몬의 주요 구성 성분이기도 하다. 단백질이 성장기 아이들에게 중요한 이유는 신체가 올바로 성장할 수 있도록 몸을 구성하고, 원활한 호르몬 작용을 도와 감각기관을 발달시키기 때문이다.

단백질의 최소 단위를 아미노산이라고 하는데, 그중에서도 반드시 음식으로만 섭취할 수 있는 아미노산을 필수아미노산이라고 한다. 좋은 단백질이란 이런 필수아미노산이 풍부하고, 음식으로 먹었을 때 몸속에서 쓰이는 효율이 높은 것을 말한다. 고기와 생선, 유제품과 같은 동물성 단백질이 콩과 같은 식물성 단백질에 비해 필수아미노산이 풍부하고, 체내 전환 효율도 95%에 이르러 (식물성 단백질은 70~80%) 양질의 단백질이라고 볼 수 있다.

하루 권장 단백질 섭취량은 3~5세 아이들이 20g, 6~8세는 25g, 9~11세는 35g이다. 그러나 매번 이러한 수치에 맞춰 챙겨주기는 어렵다. 따라서 식사 때마다 양질의 동물성 단백질인 고기, 생선, 달걀을 한 가지씩 준비하고 저지방 우유를 하루 300~400mL씩 먹이는 것을 기준으로 하는 것이 좋다. 또한 식물성 단백질도 다양하게 섭취한다면 도움이 될 수 있다.

아이들이 건강하게 자라려면 3대 영양소인 탄수화물, 단백질, 지방뿐 아니라
칼슘, 철분 등의 미네랄과 각종 비타민이 골고루 필요합니다.
한참 자라는 아이들에게 영양을 골고루 담은 최고의 유아식을 준비해 주세요.

+ 에너지를 공급하고 세포를 구성하는 **지방**

지방은 1kg당 9kcal를 내 3대 영양소 중에서 가장 많은 에너지를 공급한다(탄수화물, 단백질은 각각
4kcal). 1차 에너지원인 탄수화물이 다 사용된 뒤에 쓰이며, 각종 세포의 구성 성분으로도 이용된다. 특히
우리 몸에 필수지방산을 공급하고 지용성 비타민의 흡수를 돕는 등 성장과 발달에 꼭 필요하기 때문에 성
장 발육이 왕성한 2세 이전에는 많은 양의 지방이 필요하다.

지방은 포화지방산과 불포화지방산으로 나뉘고, 이외에 인위적으로 만들어지는 트랜스지방산, 음식으로
만 섭취해야 하는 필수지방산 등이 있다. 이중 불포화지방산과 필수지방산은 반드시 섭취해야 될 성분으
로, 포화지방산과 트랜스지방산은 되도록 피해야 할 지방산으로 기억해두는 것이 좋다. 특히 아이들의 성
장을 위해 총칼로리의 3%는 반드시 필수지방산으로 공급해야 한다.

지방의 섭취 권장량은 만 2세를 기준으로 달라진다. 성장이 왕성한 2세 이전에는 전체 칼로리 중 30~50%
를 지방으로 섭취할 것을 권장하지만, 2세 이후에는 지방의 지나친 축적을 막기 위해 30% 미만으로 제한
한다. 또한 포화지방산은 하루에 10% 이하로, 콜레스테롤은 300mg 이하로 먹을 것을 강조한다. 그러나 실
생활에서 이를 지키기는 어렵다. 따라서 식단을 짤 때 저지방이나 무지방, 저콜레스테롤 식품을 고르고,
포화지방산과 트랜스지방산이 들어 있는 음식은 피하는 노력이 필요하다.

+ 뼈를 만드는 주요 미네랄, **칼슘**

칼슘은 우리 몸에서 가장 많은 양을 차지하는 미네랄로, 이중 99%가 뼈를 이루고 있을 정도로 골격 형성
에 중요한 역할을 한다. 따라서 아이들의 뼈를 만드는 데 가장 중요한 성분이다.

칼슘은 걷기, 달리기 같은 규칙적인 운동을 하고 비타민 D를 함께 섭취해야 골격을 튼튼하게 하는 효과가
나타난다. 운동과 비타민 D가 칼슘의 흡수를 도와주기 때문이다. 우유, 치즈, 요구르트와
같은 유제품은 다른 칼슘 함유 식품에 비해 흡수율도 높고, 비타민 D도 들어 있어 칼슘을
공급하는 데 가장 효과적이다. 뼈째 먹는 생선(멸치, 뱅어포 등), 잎이 있는 녹색채소(브로
콜리, 케일, 시금치 등), 해조류, 콩류, 칼슘이 강화된 주스 등도 대표적인 칼슘 함유
식품이다.

칼슘의 하루 권장 섭취량은 1~2세 500mg, 3~5세 600mg, 6~8세 700mg, 9~11세
800mg이다. 우유 250mL에는 300mg의 칼슘이 들어 있으므로, 하루에 우유를
300~400mL 마시게 하고, 다른 식품으로 나머지 칼슘을 보충하면 좋다.

그 밖에 떠먹는 요구르트 1개에 130mg, 영아용 치즈 1장에 180mg 정도의 칼슘이
들어 있다.

+ 세포에 산소를 공급하는 **철분**

두뇌가 발달하고 신체가 성장하기 위해서는 우리 몸을 이루는 기본 단위인 세포들이 활발히 움직이고 상호작용이 이뤄져야 한다. 세포들이 활발히 움직이기 위해서는 산소가 충분히 공급되어야 하는데, 산소 공급을 담당하는 것이 혈액 속의 헤모글로빈으로, 철분은 헤모글로빈을 이루는 가장 중요한 성분이다.

철분이 부족하면 지능과 언어, 운동 능력이 발달하는 데 나쁜 영향을 주기 때문에 충분한 양의 철분을 음식으로 섭취해야 한다. 철분이 많은 음식은 쇠고기와 닭고기, 참치, 새우 등이다. 유제품이나 시금치, 완두콩, 케일 등에도 철분이 들어 있지만, 함유량과 흡수율을 비교해볼 때 쇠고기와 닭고기 등이 가장 우수한 철분 공급원이라 할 수 있다.

4~10세 아이들에게 하루 동안 필요한 철분은 9~10mg 정도이다. 보통 식품으로부터 흡수되는 철분의 양은 10% 내외이므로 하루에 90~100mg의 철분이 들어 있는 식품을 먹어야 한다. 구체적인 수치를 측정하기는 어려우니, 하루 한 끼 이상 철분이 풍부한 고기나 생선을 먹이고, 철분 흡수를 방해할 수 있는 우유와 콜라는 최대 600~700mL 이하로 제한한다. 콩에 많은 피탄산과 우유에 풍부한 칼슘, 콜라에 많은 인산, 식이섬유 등은 철분의 흡수를 방해하므로, 우유나 콜라를 많이 먹은 날에는 평소보다 철분을 더 챙겨 준다.

+ 면역체계를 강화하는 **비타민**

비타민은 우리 몸의 면역체계를 강화하고, 세포와 장기의 활동을 도와주며, 성장과 발달을 돕는 등 중요한 역할을 한다. 실제 우리 몸에 필요한 비타민의 양은 매우 적지만, 사람의 몸에서는 만들 수 없기 때문에 반드시 음식이나 비타민 보충제를 먹어서 공급받아야 한다.

비타민은 지용성 비타민(비타민 A, D, E, K)과 수용성 비타민(비타민 B 계열, C)으로 나뉜다. 지용성 비타민은 일부 몸에 저장되지만, 수용성 비타민은 몸에 저장되지 않기 때문에 매일 신선한 음식을 통해 공급해야 한다. 대표적인 비타민과 함유 식품을 살펴보면 눈의 건강과 관련이 있는 비타민 A는 유제품, 달걀노른자, 녹색 채소 등에 많이 들어 있고, 항산화작용과 각종 면역반응에 관여하는 비타민 C는 대부분의 과일, 고추, 토마토 등에 많다. 뼈의 성장과 관련이 있는 비타민 D는 유제품에, 각종 대사에 관여하는 비타민 B 계열은 밥이나 잡곡에 풍부하다. 그 밖의 다른 비타민도 육류, 어패류, 곡류, 채소, 과일 등에 들어 있으므로 비타민 섭취를 위해서는 다양한 식품군을 골고루 넣어 식단을 짜는 것이 중요하다.

+ 성인병을 예방하는 **식이섬유**

탄수화물 성분 중에서 우리 몸의 소화효소로 분해되지 않는 것들을 식이섬유라고 부른다. 보통 채소나 과일, 콩, 현미, 통밀, 겨 등에 많이 들어 있다. 특히 식이섬유가 풍부한 과일과 채소로는 사과, 오렌지, 브로콜리, 배, 무화과, 당근, 자두 등이 있다.

요즘은 서구화된 식생활과 신체 활동이 줄어드는 생활습관으로 아이들도 성인병의 위험에서 자유롭지 못하다. 최근 들어 어려서부터 식이섬유를 꾸준히 섭취하면 심장병, 대장암, 비만 같은 성인병 예방에 매우 효과적이라는 연구 결과들이 속속 보고된다. 유아기 때부터 채소와 과일, 도정하지 않은 곡물을 많이 먹을 수 있도록 신경 쓰는 노력이 필요한 이유다.

doctor's **tip**
패스트푸드, 먹여야 할까 말아야 할까?

패스트푸드는 고칼로리 음식의 대명사다. 보통 크기의 햄버거 한 개와 프렌치프라이, 탄산음료로 이루어진 세트메뉴는 약 1,080kcal로 40g 정도의 지방이 들어 있다. 또 중간 크기의 피자 두 조각에는 700~1,000kcal, 40~70g의 지방이 들어 있다. 4~6세 아이들의 하루 필요 칼로리는 1,600kcal, 지방 섭취량은 53g 정도이며, 10~12세 아이들의 하루 필요 칼로리는 2,200kcal, 지방 섭취량은 73g 이하이다. 아이가 햄버거 세트나 피자 두 조각을 먹으면 하루에 필요한 칼로리의 절반 이상을 채우고, 지방을 너무 많이 섭취하게 된다. 하지만 간편하기 때문에 또는 아이들의 성화에 못 이겨 가끔씩 패스트푸드를 찾게 되는 게 현실이다. 이럴 때는 어떻게 대처해야 할까? 우선 패스트푸드를 먹을 때는 가장 작은 크기를 주문한다. 세트메뉴 대신 단품으로 주문하고, 피자도 작은 크기로 주문한다. 특히 기름에 튀긴 프렌치프라이나 어니언링, 치킨너겟 등은 트랜스지방산이 많아 되도록 적게 먹는 것이 현명하다. 그리고 패스트푸드를 먹은 날이나 그 다음 날에는 좀 더 건강한 음식으로 식단을 짜서 영양의 균형을 맞춘다.

평생 건강을 위한 올바른 식습관 코칭

+ 스스로 고르게 하세요

아이들의 음식을 준비하는 데 가장 좋은 원칙은 건강한 음식과 적절한 식사시간의 틀 안에서 스스로 선택하게 하는 것이다. 먼저 3대 필수 영양소, 칼슘과 철분 같은 미네랄, 그리고 비타민이 골고루 들어 있는 식단이 왜 중요한지 알려주고, 어떤 재료들을 고르면 좋은지 이야기를 나눈다. 그런 다음 아이와 함께 시장에 가서 신선한 과일과 채소를 골라 식사 메뉴를 정한다. 재료를 고를 때는 식품의 다양한 색깔과 거기에 담긴 영양에 관해 이야기해주고, 제품에 붙은 영양성분표를 보면서 그것이 왜 필요한지도 설명한다.

+ 식사 준비를 함께 하세요

어려서부터 식사 준비를 돕는 일은 건강한 식습관을 기를 수 있는 좋은 기회다. 음식을 준비할 때는 아이의 나이를 고려해서 위험하지 않은 과제를 준다. 이를 통해 아이에게 음식에 대한 긍정적인 이미지를 심어줄 수 있다. 식사가 끝나고 나서 음식을 만들어 준 사람에게 감사를 표시하는 습관을 들이는 것도 음식의 소중함을 느낄 수 있게 한다.

+ 음식으로 보상하지 마세요

많은 부모들이 아이의 착한 행동을 유도하기 위해 아이가 좋아하는 음식을 상으로 준다. 또 바쁜 생활로 아이를 제대로 돌보지 못한 죄책감을 음식으로 보상하려고도 한다. 이때 아이가 원하는 음식은 대개 영양가 없는 불량식품이거나 고칼로리 식품이지만, 아이가 좋아하기 때문에 눈감아주게 된다.
피자나 햄버거와 같이 포화지방산이 많은 음식이나 사탕, 초콜릿, 젤리 같이 지나치게 당이 많은 간식으로 보상하는 것은 아이를 위하는 것이 아니라, 아이의 건강을 망치는 지름길이다. 또한 아무리 몸에 좋고 건강한 음식으로 보상하더라도 음식을 거래의 수단으로 이용한다면 음식의 가치와 본래 목적은 잃어버리게 된다. 아이들이 '음식은 건강을 지켜주는 소중한 것'이라는 사실을 배우기도 전에 욕구를 충족시키는 도구의 일종으로 여기게 될 수도 있다.

+ 억지로 먹이지 마세요

아이가 잘 안 먹는 것 같아 보여도, 체중이 늘고 있고 특별히 영양 부족으로 인한 증세가 나타나지 않는다면 큰 문제는 없다. 물론 몸에 좋은 음식을 준비했을 때 아이가 많이 먹으면 좋겠지만, 준비한 음식을 다 비우라는 식으로 강요할 경우 오히려 음식에 대한 부정적인 이미지를 평생 갖게 될 수 있다.
그뿐 아니라 평소보다 많은 양의 음식을 먹게 되면 다음 식사에도 영향을 주고 비만의 위험도 높아진다.

세 살 때 식습관이 평생 갑니다. 따라서 올바른 식습관을 들이는 일은 아주 중요합니다. 식습관을 처음에 잘 들이는 것은 물론 이미 잘못 들여진 식습관까지 바로 잡아주어야 아이의 평생 건강을 지킬 수 있습니다.

아이는 배가 부른 정도를 스스로 느끼면서 절제하는 방법을 배워야 한다. 하루 이틀 적게 먹는다고 아이의 건강에 큰 해를 끼치지는 않는다. 배가 부를 때 스스로 절제하는 연습이 되지 않는다면 당장은 아니더라도 성인이 되었을 때 비만으로 진행될 확률이 높다.

먹는 것을 강요하면 아이는 더욱 더 음식에 거부감을 느끼게 되고, 실제로 먹는 양도 줄어 성장에 악영향을 미칠 수 있다. 대개의 아이들은 내버려두면 스스로 서서히 음식을 찾게 되고, 자기가 필요한 만큼 먹는다. 따라서 아이가 한 끼에 먹는 양에 너무 신경 쓰기보다 정상적인 속도로 잘 크는지 체크하는 것이 더 중요하다.

+ 편식한다고 화내지 마세요

어른도 좋아하는 음식이 있는 것처럼 아이들에게 편식은 자연스러운 일이다. 아이의 식습관을 지나치게 나무라면, 아이도 부모의 강압적인 반응에 반항하게 된다. 아이가 한 가지 음식만 먹더라도 잘 먹는다면 대부분 문제가 없다.

아이들은 돌 이후부터 특정 음식을 좋아하거나 싫어하는 취향이 명확해진다. 또한 주장이 강해지고 독립심도 생기는 시기여서 좋고 싫다는 표현이 더 뚜렷해진다. 어떤 음식을 1~2주간 줄곧 잘 먹다가 그 이후에는 특별한 이유 없이 거부하는 일이 생기기도 하는데, 이는 아이들의 이런 심리 변화와 음식의 맛을 알아가는 과정에서 자연스럽게 나타나는 현상으로 받아들여야 한다.

부모는 아이가 한 가지 음식에 집착하는 것이나 매끼마다 균형 잡힌 식사를 하게 하는 것에 신경 쓰기보다, 먹는 양이 충분한지 1~2주 동안 지켜보면서 전체적으로 균형 있게 골고루 먹는지 살펴보아야 한다. 다음 네 가지 음식군을 충분히 먹고 있다면 걱정하지 않아도 된다.

① 고기, 생선, 달걀
② 유제품
③ 과일, 채소
④ 밥, 감자, 시리얼, 빵, 파스타

만약 아이가 특정 음식을 덜 먹고 있다면 같은 음식군에서 아이가 좋아할 만한 음식으로 보충해준다. 예를 들어, 아이가 채소를 덜 먹는 것 같으면 과일을 충분히 먹이고, 고기를 덜 먹는 것 같으면 생선이나 달걀을 먹인다. 또한 아이가 밥을 덜 먹는다면 좋아하는 빵이나 국수로 보충하는 것도 괜찮다.

가공식품 영양성분표 제대로 읽기

영양성분표에는 그 식품에 어떤 영양소가 얼마나 들었는지 적혀 있다. 탄수화물, 단백질, 지방, 콜레스테롤, 나트륨 5가지는 필수 표시 사항이며, 칼슘, 철분, 아연 같은 미네랄과 비타민 등은 식품에 따라 식품업체에서 자율적으로 표시하게 되어 있다. 탄수화물에 포함된 당류와 식이섬유가 적혀 있는 식품도 있고, 지방에서 포화지방, 트랜스지방, 콜레스테롤의 함유량을 구분해 표시한 식품도 있다.

영양성분표를 체크하면 아이에게 부족한 영양소를 다른 식품에서 보충하거나 과잉 섭취할 수 있는 영양소를 줄이는 등의 조절이 가능해진다. 또한 같은 종류의 식품들 중에서 영양소 함량을 쉽게 비교해보고 고를 수 있어 편리하다. 아이와 함께 식품의 영양성분표를 보면서 영양에 대해 이야기하면 좋은 식습관을 길러주는 데도 도움이 된다.

+ 함유량 표시 기준을 확인하세요

영양성분표를 살펴볼 때는 먼저 얼마만큼의 양을 기준으로 표시했는지 확인해야 한다. 보통 포장지에 적힌 영양성분의 양이 식품 전체의 함유량이라고 생각하기 쉬운데, 1회 제공량을 정해 그만큼에 들어 있는 영양성분을 표시하는 경우가 많기 때문에 꼭 확인할 필요가 있다. 예를 들어 500g의 시리얼의 경우, 1회 섭취량을 50g으로 정하여 그 속에 얼마만큼의 영양소가 있는지 표시한다. 우유와 같은 식품은 종류에 따라서 100g, 100mL 또는 포장단위를 기준으로 영양소의 함유량이 표시된다. 따라서 우유 200mL를 마실 경우, 영양성분이 100mL 기준으로 표시되어 있다면 표시된 칼로리와 영양소의 두 배를 먹는 것이다.

다음은 치즈의 실제 영양성분표이다. 1회 제공량당 함량이라고 표시된 것을 볼 수 있다.

영양성분	1회 제공량 2매(24 g)/총 4회 제공량(96 g)				
1회 제공량당 함량		% 영양소기준치	1회 제공량당 함량		% 영양소기준치
열량 65 kcal			콜레스테롤 11 mg		4%
탄수화물 1 g		0%	나트륨 84 mg		4%
당류 1 g 미만			칼슘 84 mg		12%
단백질 2 g		3%	비타민A 84 μg RE		12%
지방 6 g		12%	비타민B₂ 0.24 mg		24%
포화지방 4 g		27%	비타민D 1.2 μg		24%
트랜스지방 0.26 g			비타민E 1.2 mg α -TE		12%
% 영양소기준치 1일 영양소기준치에 대한 비율					

+ 칼로리를 따져보세요

두 번째로 1회 제공량의 칼로리를 확인한다. 영양소와 마찬가지로 칼로리도 일 기준으로 표시된다.

보통 1회 제공량당 400kcal 이상이라면 고칼로리 식품으로 생각해야 한다.

영양성분표는 좋은 식품을 고르는 중요한 기준이 됩니다.
어떤 영양소가 얼마나 들었는지, 지방, 콜레스테롤, 나트륨은 많지 않은지 꼼꼼히 살피세요.
그것이야말로 아이들의 건강을 지키는 기본 습관입니다.

+ 영양소 기준치와 비교해보세요

세 번째로 확인할 것은 영양소 함유량이 영양소 기준치의 몇 %에 해당하는가이다. 영양성분표에 적혀 있는 '% 영양소 기준치' 비율은 각 영양소의 함유량이 많은 것인지 적은 것인지 판단할 수 있는 기준이 된다. 보통 5% 미만이면 함유량이 적은 것이고, 10~19%라면 양호, 20% 이상이면 풍부한 것으로 판단할 수 있다.

또한 영양성분을 우리 몸에 유익한 것과 해로운 것으로 구분해 살펴보면 식품의 영양 상태를 좀 더 쉽게 파악할 수 있다. 유익한 것은 칼륨, 식이섬유, 비타민, 철분, 아연, 칼슘 등이며, 해로운 것은 트랜스지방산, 포화지방, 콜레스테롤, 나트륨, 당류이다.

다음은 치즈의 실재 영양성분표다. 영양성분을 살펴보면 칼슘이 12%로 양호한 편이고, 비타민 B와 D는 24%로 풍부하다. 다만 대부분의 영양성분표가 성인 기준으로 적혀 있다는 것을 기억하자. 어른과 아이의 필요량은 다르며, 일반적으로 아이의 하루 필요량은 어른보다 적다.

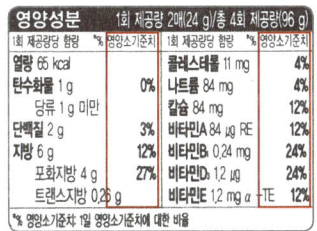

+ 나트륨 양을 체크하세요

마지막으로 주의해서 살펴봐야 할 성분은 나트륨이다. 과자 한 개가 3회 제공량이고 1회 제공량의 나트륨 기준치가 8%라고 하면, 과자 한 개를 먹을 경우 하루 필요량의 24%를 섭취하게 된다. 더 놀라운 것은 우리가 즐겨 먹는 라면 1개에 하루에 필요한 나트륨의 97%가 들어 있다는 것이다. 이것도 성인 기준으로, 어린 아이가 라면 한 개를 먹는다면 하루 필요량 이상의 나트륨을 섭취하게 된다.

아이들의 지나친 나트륨 섭취는 고혈압 등 성인병에 걸릴 확률을 높인다. 따라서 아이들이 먹는 식품은 나트륨 함유량을 항상 살펴봐야 한다.

식중독으로부터 우리 아이 지키기

+ ## 장 볼 때 가공식품 먼저, 신선식품은 나중에 고르세요

식중독을 예방하는 일은 장보는 일에서부터 시작한다. 장을 볼 때는 식품 외의 품목을 먼저 고르고 식품은 나중에 고른다. 식품 중에서도 냉장이 필요 없는 가공식품을 먼저 담고 과일과 채소, 냉장식품 순서로 담는다. 고기와 어패류, 즉석식품은 가장 마지막에 사야 안전하다. 특히 즉석식품은 쉽게 상하므로 사서 바로 먹는 것이 좋다.

용기에 포장된 음식을 살 때는 완전히 밀봉되었는지 살피고, 통조림은 찌그러지거나 손상된 곳이 없는 것을 고른다. 유통기한을 확인해 날짜가 많이 남은 것을 고르고, 유통기한이 얼마 남지 않은 것은 싸게 팔더라도 되도록 피한다. 식품을 사는 시간은 한 시간을 넘기지 않는 것이 바람직하다.

+ ## 종류별로 따로 보관하고 유통기한을 적어두세요

장보기를 마치면 바로 집으로 돌아가 식품을 냉장고에 넣어야 한다. 고기, 생선, 달걀은 각각 보관함을 만들어 다른 음식과 닿지 않게 두고, 고기와 생선의 즙이 다른 식품에 옮겨가지 않도록 주의한다. 달걀은 보통 포장지를 버리고 보관하기 때문에 유통기한을 기억하지 못하는 경우가 많다. 유통기한을 적어 달걀 보관함이나 냉장고 문에 붙여둬 기한을 넘기지 않도록 한다. 구입하고 보통 3~5주 안에 먹어야 한다. 개봉한 통조림은 내용물을 다른 용기에 옮겨 담아서 보관해야 안전하다.

세제, 화학약품, 기타 물질을 담았던 용기에는 절대 식품을 담지 말아야 하며, 식품을 담는 용도가 아닌 용기도 쓰지 않는 것이 안전하다.

+ ## 조리 전에 꼭 손을 씻고, 고기용 도마는 따로 쓰세요

식품을 만지기 전에는 손을 깨끗이 씻는다. 물에 대충 비비는 정도로는 효과가 없으며, 비누를 묻혀서 최소 30초 이상 구석구석 문지르고 흐르는 따뜻한 물로 씻는다. 손바닥, 손등, 손가락 사이, 손톱, 손목 순으로 빠짐없이 씻고, 특히 조리하지 않은 고기와 어패류 등을 손질한 뒤에는 다른 재료를 만지기 전에 반드시 다시 손을 씻는다.

깊은 칼자국이나 홈이 있는 도마는 그 틈에서 세균이 번식할 수 있으니 되도록 홈이 없는 것을 사용하고, 반드시 고기용 도마와 다른 재료용 도마를 구분해 사용한다. 조리하지 않은 고기와 생선 등을 손질한 뒤에는 칼과 싱크대도 깨끗이 씻은 다음 다른 재료를 손질한다.

냉동한 식품을 해동할 때는 실온에 꺼내두지 말고 조리하기 전에 미리 냉장실에 두어 해동하는 것이 좋다. 실온에서는 세균이 쉽게 번식하기 때문이다.

식중독은 밖에서 음식을 잘못 먹어 걸린다고 알고 있지만, 대부분은 가정에서 일어납니다.
또한 여름뿐만 아니라 계절에 상관없이 언제든 일어날 수 있기 때문에 항상 주의해야 하지요.
장보기부터 설거지까지 식중독 예방법을 알려드립니다.

+ 고기는 완전히 익히세요

쇠고기와 돼지고기 같은 붉은색 고기를 익힐 때
는 고기의 내부 온도가 71℃ 이상 되어 속이 갈색
이나 회색으로 변할 때까지 익혀야 한다. 또 닭고
기 같은 가금류는 내부 온도가 82℃ 이상 되어 육
수가 흘러나오도록 익히는 것이 좋다.

완전히 익히지 않은 음식이나 살균 처리하지 않은
유제품은 아이들에게 절대 먹이지 않는다. 상한
냄새가 나거나 맛이 변한 음식, 또는 의심이 가는
음식들은 유통기한이 넘지 않았더라도 버리는 것
이 안전하다.

+ 뒷정리는 깨끗이 하고, 남은 재료는 바로 냉장고에 넣으세요

고기와 생선을 조리한 주방 기구는 특히 신경 써
서 설거지하고 행주는 꼭 삶는다. 집에서 애완동
물을 키우고 있다면 주방 주위에 접근하지 못하게
하는 것이 좋다. 주방은 습하고 음식 부스러기가
많아 바퀴벌레나 개미가 생기기 쉬운 곳이니 항상
구석구석 깨끗이 청소한다.

조리 후 남은 재료는 실온에서 30분 이상 방치하
지 말고, 냉장고에 바로바로 넣어 보관한다. 냉장
고의 온도는 냉장실은 4℃ 이하로, 냉동실은 영하
18℃ 이하로 유지하는 것이 알맞다.

홈메이드 맛 도우미, 국물 & 소스

+ 맛간장

아이들 입맛에 꼭 맞는 덜 짜고 달콤한 초간단 맛간장이에요.
볶음요리부터 조림, 국, 간식까지 다양하게 쓸 수 있어요.

사과 1/2개, 양파 1/2개, 깻잎 7장, 마늘 1컵, 생강 5g, 화이트와인 1컵, 간장 4컵, 꿀 1컵,
올리고당 1/2컵, 황설탕 1/2컵

1 재료 손질하기 깻잎은 깨끗이 씻어 꼭지를 떼고, 양파는 껍질을 벗겨 큼직하게 썬다.
생강, 마늘은 깨끗이 씻고, 사과는 껍질째 얇게 썬다.

2 간장 끓이기 냄비에 사과를 뺀 나머지 재료를 모두 넣고 센 불에서 끓인다. 끓어오르
면 약한 불로 낮춰 40~50분 정도 은근히 끓인다.

3 사과 넣기 간장이 다 끓으면 불을 끄고 사과를 넣은 뒤 뚜껑을 닫아 식힌다. 간장이
완전히 식으면 병에 담아 보관한다.

tip 레몬 1/2개를 얇게 썰어 넣어도 좋아요. 화이트와인이 없으면 청주를 넣으세요.

+ 멸치다시마국물

물 대신 멸치다시마국물을 쓰면 맛은 물론 영양까지 좋아져요.
만들기 쉬우면서 쓸모도 아주 많으니 넉넉하게 끓여두고 쓰세요.

굵은 멸치 20마리, 다시마 1장(10×10cm), 파뿌리 1개, 물 6컵

1 재료 손질하기 멸치는 내장을 빼고, 다시마는 마른 행주로 하얀 가루를 닦는다. 파뿌
리는 흙을 털어내고 깨끗이 씻는다.

2 멸치 볶기 마른 냄비를 살짝 달군 뒤 멸치를 볶는다.

3 국물 끓이기 ②에 다시마, 파뿌리를 넣고 물을 부어 약한 불에서 끓인다.

4 다시마 건져내기 물이 끓으면 다시마를 건져내고 센 불에서 5분 정도 더 끓여 식힌
다. 체에 걸러 병에 담아 보관한다.

tip 올라오는 거품을 걷어가며 끓이면 국물 맛이 한층 더 깔끔해져요.

음식 맛을 내는 데 결정적인 역할을 하는 것이 양념이나 소스 같은 것들이에요.
요리 잘하는 사람들의 숨은 비법이기도 하지요.
아이 입맛에 딱 맞으면서 안심하고 먹일 수 있는 홈메이드 맛 도우미들을 갖춰두세요.

+ 스테이크 소스

전통 스테이크는 물론 목살 스테이크, 햄버그스테이크, 돈가스에도 잘 어울려요.
이제 첨가물이 가득한 시판 소스는 잊으세요.

양송이버섯 7개, 버터 1큰술, 토마토케첩 5큰술, 맛간장 1큰술, 다진 마늘 1작은술,
황설탕 1½큰술, 후춧가루 조금, 월계수잎 1장, 식용유 1큰술, 물 3큰술

1 버섯 썰기 양송이버섯은 0.5cm 두께로 도톰하게 썬다.

2 버섯 볶기 달군 팬에 기름을 두르고 버섯과 다진 마늘을 볶는다.

3 소스 끓이기 버섯이 익으면 토마토케첩, 맛간장, 황설탕, 후춧가루, 월계수 잎, 물을
넣어 끓인다.

4 버터 넣기 소스가 걸쭉해지면 버터를 넣어 녹이면서 섞은 뒤 불을 끈다.

tip 마지막에 버터를 넣으면 소스의 맛이 진해져요.

+ 커스터드 크림

보통 슈크림이라고 부르는 커스터드 크림은 빵과 케이크, 간식을 만들 때 유용해요.
전자레인지만 있으면 간단하게 만들 수 있어요.

달걀노른자 3개분, 우유 1¼컵, 버터 10g, 박력분 3큰술, 황설탕 6큰술,
바닐라에센스 1작은술

1 달걀노른자·우유·설탕 섞기 볼에 달걀노른자와 우유, 황설탕, 바닐라에센스를 담고
멍울이 없도록 거품기로 섞는다.

2 박력분 섞기 박력분은 체에 내려 ①에 넣고 핸드믹서로 잘 섞는다.

3 크림 만들기 ②를 체에 한 번 걸러 그릇에 담고 랩을 씌워 구멍을 낸 뒤 전자레인지에
서 3분간 데운다. 부분적으로 익은 크림을 골고루 섞고 다시 랩을 씌워 3분간 데운다.

4 버터 섞기 ③에 버터를 넣어 녹이고 다시 한 번 체에 거른다.

5 식히기 커스터드 크림을 한 김 식혀 그릇에 담은 뒤, 공기가 통하지 않도록 랩이나 비
닐을 씌우고 뚜껑을 닫아 냉장고에 보관한다.

tip 냉장고에서 10~14일 정도 보관할 수 있어요.

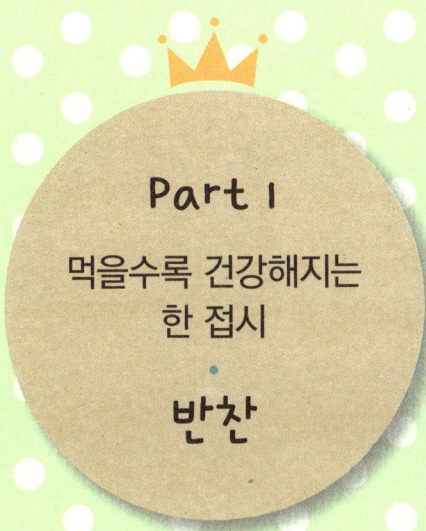

Part 1

먹을수록 건강해지는
한 접시

·

반찬

반찬 가짓수가 많다고 아이가 밥을 잘 먹는 건 아니죠.
한두 가지라도 아이 입맛에 꼭 맞는 반찬을 준비하는 게 중요해요.
입맛도 살리고 건강해지는 영양 반찬으로 우리 아이 평생 건강을 챙기세요.

마른새우 무나물

무는 소화를 돕는 효소가 풍부해 소화기능이 약한 아이들 반찬으로 참 좋아요.
달착지근해서 아이들 입맛에도 잘 맞는답니다. 마른새우를 다져 넣어 맛과 영양을 더했어요.

영양구성

칼로리 104.87kcal
단백질 2.7g
지방 9.78g
탄수화물 1.92g
칼슘 194.8mg
비타민A 41.73㎍
비타민C 6.65mg

2인분

무 1토막(5cm), 마른새우 2큰술, 국간장 1작은술, 들기름 2큰술, 송송 썬 쪽파 조금, 깨소금 조금, 물 1컵

1 무 손질하기 무는 껍질을 벗겨 깨끗이 씻은 뒤 두께 0.5cm, 길이 5cm 크기로 채 썬다.

3 마른새우 넣어 조리기 무가 숨이 죽으면 마른새우를 곱게 다져 넣고 물 1컵을 부어 조린다.

2 무 볶기 달군 팬에 들기름을 두르고 채 썬 무를 넣어 중간 불에서 충분히 볶는다.

4 간하기 국물이 자작하게 졸아들면 국간장으로 간을 맞춘 뒤 송송 썬 파와 깨소금을 뿌린다.

● ● ●

마른새우를 곱게 갈아서 천연조미료로 써도 좋아요. 밀폐용기에 담아 냉동실에 보관하세요.

사과 무생채

새콤하면서도 아삭아삭한 사과 무생채. 사과의 달콤함이
무의 매운맛을 잡아준답니다. 아직 매운 김치를 잘 못 먹는 아이에게 좋아요.

영양구성

칼로리 33.15kcal
단백질 6.63g
지방 0.36g
탄수화물 7.44g
칼슘 120.14mg
비타민A 45.04μg
비타민C 7.77mg

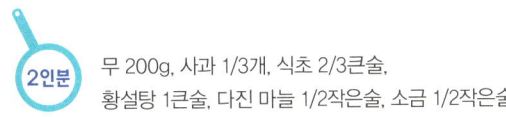

2인분 무 200g, 사과 1/3개, 식초 2/3큰술,
황설탕 1큰술, 다진 마늘 1/2작은술, 소금 1/2작은술

1 무 채 썰기 무는 껍질을 벗겨 깨끗이 씻은 뒤 두께 0.5cm, 길이 5cm 정도로 채 썬다.

3 무 양념하기 채 썬 무에 황설탕을 넣어 골고루 버무린 다음 다진 마늘, 소금을 넣어 섞는다. 마지막에 식초를 끼얹어 무친다.

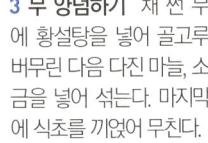

2 사과 채 썰기 사과는 깨끗이 씻어 반 갈라 씨를 빼고 껍질째 가늘게 채 썬다.

4 사과 섞기 양념한 무에 채 썬 사과를 넣고 가볍게 섞는다.

• • •

식초는 새콤한 맛도 좋지만 음식이 물러지는 것을 막는 효과도 있어요. 무생채를 양념에
버무린 뒤 식초는 마지막에 넣어 버무리세요. 아삭한 맛이 살아난답니다.

시금치 묵나물

철분과 칼슘이 풍부한 시금치를 다양하게 만들어 자주 준비해보세요.
시금치와 묵을 함께 무치면 맛과 영양이 더 좋아져요.

영양구성

칼로리 63.24kcal
단백질 3.05g
지방 2.47g
탄수화물 8.84g
칼슘 63.18mg
비타민A 1025.7μg
비타민C 38.75mg

 시금치 6~7포기(200g), 청포묵 1/2모, 국간장 1/2큰술, 간장 1작은술,
다진 마늘 1작은술, 참기름·깨소금 적당량씩, 소금 1/2큰술

1 시금치 데치기 시금치
는 뿌리의 흙을 긁어내고
깨끗이 씻은 뒤 끓는 물
에 소금 1/2큰술을 넣어
살짝 데친다.

4 묵 썰기 청포묵은 0.5cm
굵기로 채 썬다. 길이가
길면 반 자른다.

2 시금치 썰기 데친 시금
치는 바로 찬물에 헹궈 물
기를 꼭 짜고 3cm 길이로
썬다.

5 묵 양념하기 채 썬 묵
을 끓는 물에 30초 정도
데친 뒤 체에 밭쳐 물기를
뺀다. 물기가 빠지면 간장
과 참기름 1/2작은술을 넣
어 버무린다.

3 시금치 양념하기 시금
치에 국간장과 다진 마늘,
참기름 1/2큰술, 깨소금을
넣고 조물조물 무친다.

6 시금치·묵 섞기 양념
한 시금치와 묵을 한데 담
고 깨소금을 뿌려 골고루
섞는다.

● ● ●

시금치를 데칠 때는 소금을 넣고 뚜껑을 연 채 데쳐서 바로 찬물에 헹구세요. 그래야 푸른
색이 변하지 않아요.

들깨가루 버섯무침

버섯만 있으면 뚝딱 만들 수 있는 건강 반찬이에요. 들깨가루를 넣어 고소함을 살렸어요.
들깨가루는 열에 영양소가 쉽게 파괴되니 마지막에 넣으세요.

영양구성

칼로리 106.5kcal
단백질 4.08g
지방 7.62g
탄수화물 5.73g
칼슘 48.41mg
비타민A 43.99㎍
비타민C 3.18mg

 **2인분** 느타리버섯 300g, 들깨가루 1½큰술, 국간장 1½작은술, 들기름 1큰술, 송송 썬 쪽파 조금

1 버섯 손질하기 느타리 버섯을 잘게 찢는다.

3 버섯 무치기 데친 버섯은 찬물에 헹궈 물기를 꼭 짠 뒤 국간장, 들기름을 넣고 조물조물 무친다.

2 버섯 데치기 팔팔 끓는 물에 찢은 버섯을 30초 정도 데친다.

4 들깨가루 넣기 ③에 들깨가루를 넣어 골고루 버무린 뒤 송송 썬 쪽파를 뿌린다.

● ● ●
들깨가루를 처음 맛보는 아이가 익숙하지 않아 잘 먹지 않는다면 깨소금으로 대신해도 괜찮아요. 들깨가루의 양을 조절해 아이가 익숙해지도록 도와주세요.

콩나물 간장조림

콩나물을 간장에 조려 먹는 새로운 방식이에요. 아삭아삭 씹히는 맛이 참 좋답니다.
아이에게도 인기지만 남편도 무척 좋아하는 반찬이에요.

영양구성

칼로리 65.08kcal
단백질 1.7g
지방 5.36g
탄수화물 3.4g
칼슘 23.18mg
비타민A 14.59μg
비타민C 2.64mg

 **2인분** 콩나물 200g, 송송 썬 쪽파 조금
조림장 맛간장 1큰술, 맛술 1큰술, 설탕 1작은술, 다진 마늘 1작은술, 참기름 2작은술

1 콩나물 손질하기 콩나물은 머리를 떼고 지저분한 꼬리를 다듬어 흐르는 물에 깨끗이 씻는다.

3 조림장 끓이기 팬에 조림장 재료를 모두 넣고 중간 불에서 끓인다.

2 콩나물 데치기 냄비에 물 2컵을 부어 끓인다. 팔팔 끓으면 손질한 콩나물을 넣어 1분 정도 데친다.

4 콩나물 조리기 조림장이 끓으면 데친 콩나물을 넣고 센 불에서 양념이 배도록 재빨리 조린 다음 쪽파를 뿌린다.

● ● ●
어금니가 다 자란 아이에게는 콩나물 머리를 떼지 않고 먹여도 괜찮아요. 콩나물조림은 너무 오래 조리면 콩나물에서 수분이 다 빠져나와 질겨져요. 재빨리 조리는 게 포인트예요.

감자조림

감자조림은 아이 밥상에 자주 올리는 반찬 중 하나예요. 달콤한 간장양념에 조려진
부드러운 감자에 자꾸자꾸 손이 간답니다. 양념에 밥을 비벼 먹어도 좋아요.

영양구성

칼로리 95.3kcal
단백질 7.46g
지방 3.05g
탄수화물 14.42g
칼슘 112.2mg
비타민A 153.05μg
비타민C 26.86mg

 **2인분** 감자 2개, 잔멸치 1/2컵, 다진 파프리카 조금, 식용유 1큰술
조림장 간장 2큰술, 맛술 1큰술, 황설탕 1큰술, 다진 마늘 1작은술, 물 2컵

1 감자 손질하기 감자는 껍질을 벗기고 한 입 크기로 네모지게 썰어 흐르는 물에 2~3번 씻는다.

4 감자 볶기 냄비에 기름을 두르고 감자를 넣어 볶는다.

2 잔멸치 손질하기 잔멸치는 흐르는 물에 가볍게 씻은 뒤 체에 받쳐 물기를 뺀다.

5 감자 조리기 감자의 가장자리가 투명하게 익으면 조림장을 모두 넣고 감자가 익을 때까지 조린다.

3 잔멸치 볶기 마른 냄비에 멸치를 넣고 약한 불에서 수분을 날리는 정도로 살짝 볶는다.

6 잔멸치 넣기 감자가 다 익으면 볶은 잔멸치를 넣고 2분 정도 더 조린다. 그릇에 담고 다진 파프리카를 뿌린다.

● ● ●

멸치는 DHA와 EPA 등의 불포화지방산이 많이 들어 있어서 아이들 두뇌발달에 좋아요.

메추리알 밤조림

메추리알조림은 아이가 있는 집이라면 결코 빠질 수 없는 단골 반찬 중에 하나지요.
고기 대신 밤을 넣고 조리면 달콤함이 더해져 아이들이 참 좋아해요.

영양구성

칼로리 138.5kcal
단백질 8.06g
지방 6.21g
탄수화물 11.67g
칼슘 52.87mg
비타민A 50.39μg
비타민C 3.83mg

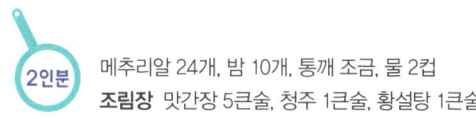

2인분 메추리알 24개, 밤 10개, 통깨 조금, 물 2컵
조림장 맛간장 5큰술, 청주 1큰술, 황설탕 1큰술,

1 메추리알 삶기 메추리알을 삶아서 껍데기를 벗긴다.

3 메추리알 넣어 조리기 ②에 삶은 메추리알을 넣고 조림장 재료를 넣어 중간 불에서 10~15분 정도 조린다.

2 밤 삶기 밤은 껍질을 벗겨 씻은 뒤 냄비에 담고 물 2컵을 부어 중간 불에서 3분 정도 삶는다.

4 통깨 뿌리기 조림장이 반으로 줄고 메추리알과 밤에 양념이 고루 배면 불을 끄고 통깨를 뿌린다.

• • •

메추리알은 크기도 작고 양념이 깊게 배어들어서 반찬으로 먹기에 달걀보다 더 좋은 편이에요. 밤 대신 마늘종을 넣어 변화를 줘도 좋아요.

애호박 두부조림

두부는 완전식품이라 할 만큼 영양소가 풍부해요. 콩은 조직이 단단해 소화흡수율이 떨어지지만
두부는 95% 이상 소화흡수가 되지요. 애호박과 함께 조리면 맛도 영양도 두 배로 좋아져요.

영양구성

칼로리 106.2kcal

단백질 7.84g

지방 6g

탄수화물 5.35g

칼슘 141.7mg

비타민A 54.95㎍

비타민B 8.95mg

 **2인분** 두부 1/4모, 애호박 1/4개, 소금 적당량, 통깨·후춧가루 조금씩, 식용유 1큰술
조림장 맛간장 1큰술, 설탕 1/3작은술, 다진 마늘 1작은술, 참기름 1/2작은술, 물 5큰술

1 두부 밑간하기 두부는 길이로 반 갈라 1cm 두께로 썰고, 소금을 뿌려 5분 정도 두었다가 종이타월로 으깨지지 않게 살짝만 눌러 물기를 뺀다.

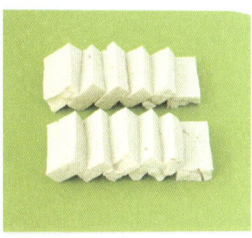

2 애호박 썰기 애호박은 반 갈라 숟가락으로 씨 부분을 긁어낸 뒤 0.5cm 두께로 썬다.

3 애호박 절이기 물 1/2컵에 소금 1큰술을 섞고 썰어둔 애호박을 넣어 10분 정도 둔다. 절인 애호박을 찬물에 헹군 뒤 체에 받쳐 물기를 뺀다.

4 애호박 볶기 달군 팬에 기름을 두르고 절인 애호박을 1분 정도 볶아 따로 담아둔다.

5 두부 조리기 애호박을 볶은 팬에 그대로 두부를 올려 중간 불에서 앞뒤로 노릇하게 굽는다. 조림장 재료를 모두 섞은 뒤 두부 위에 끼얹어 조린다.

6 애호박 넣어 조리기 조림장이 끓으면 볶은 애호박을 넣는다. 바글바글 끓어오르면 불을 약하게 줄이고 조림장을 두부 위에 끼얹어가며 자작하게 조린다. 마지막에 통깨와 후춧가루를 뿌린다.

● ● ●

두부는 단단한 부침용이 좋아요. 두부를 살 때는 콩의 원산지를 확인해 반드시 국산 콩으로 만든 두부를 구입하세요.

오징어 버섯조림

오징어는 고단백 식품으로 익히면 소화가 잘 되고 피로해소에도 좋아요.
칼슘도 쇠고기의 여덟 배가 들어 있다고 하니 아이들 반찬으로 자주 만들어 주세요.

영양구성

칼로리 118.35kcal
단백질 15.53g
지방 0.93g
탄수화물 12.32g
칼슘 37.69mg
비타민A 148.3μg
비타민C 20.78mg

 **2인분** 오징어 1마리, 양송이버섯 6개, 오이고추 1개, 식용유 1큰술
조림장 간장 3큰술, 올리고당 1작은술, 다진 마늘 1/2작은술, 물 1컵

1 양송이버섯·고추 썰기
양송이버섯은 크기에 따라 2~4등분으로 썰고, 오이고추는 반 갈라 씨를 뺀 뒤 3cm 길이로 썬다.

4 오징어 조리기 ③에 조림장 재료를 모두 넣고 골고루 섞은 뒤 중간 불에서 오징어가 익도록 3분 정도 조린다.

2 오징어 손질하기 오징어는 내장을 빼고 껍질을 벗겨 깨끗이 씻은 뒤 작게 썬다.

5 양송이버섯 넣기 ④에 양송이버섯을 넣어 고루 섞은 다음 2분 정도 더 조린다.

3 오징어 볶기 냄비에 기름을 두르고 오징어를 넣어 30초 정도 볶는다.

6 고추 넣어 조리기 마지막에 썰어 놓은 오이고추를 넣고 센 불에서 1분 정도 조린다.

● ● ●

오징어 껍질은 소금을 묻히거나 종이타월로 잡아서 벗기면 잘 벗겨져요.

연어조림

불포화지방산이 풍부한 연어는 아이들 두뇌발달에 참 좋아요.
마트에서 손질된 연어를 쉽게 구할 수 있으니 연어조림에 도전해보세요.

영양구성

칼로리 166.95kcal
단백질 14.44g
지방 6.4g
탄수화물 11.28g
칼슘 28.24mg
비타민A 79.35㎍
비타민C 4.87mg

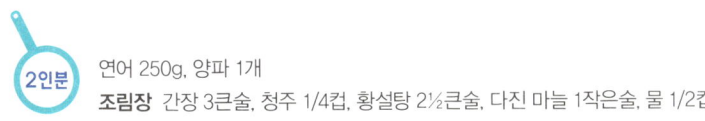

2인분 연어 250g, 양파 1개
조림장 간장 3큰술, 청주 1/4컵, 황설탕 2½큰술, 다진 마늘 1작은술, 물 1/2컵

1 연어 손질하기 연어는 가시를 빼고 적당한 크기로 썬다.

4 조림장 끓이기 팬에 조림장 재료를 모두 넣고 채 썬 양파를 넣어 중간 불에서 끓인다.

2 양파 썰기 양파는 도톰하게 채 썬다.

5 연어 조리기 조림장이 끓어오르면 구운 연어를 넣고 국물을 끼얹어가며 윤기 나게 조린다.

3 연어 굽기 마른 팬을 달군 뒤 연어를 올려 앞뒤로 노릇하게 굽는다.

• • •

연어에 껍질이 붙은 경우, 살짝 구운 뒤 껍질을 벗기면 쉽게 떼어낼 수 있어요.

김조림

김 하나로 뚝딱 만들어낼 수 있는 초간단 밑반찬이에요. 눅눅해진 김이 있다면
김조림을 만들어보세요. 아이들이 잘 먹어서 접시가 금세 비워질 거예요.

영양구성

칼로리 35.26kcal
단백질 1.01g
지방 2.05g
탄수화물 6.1g
칼슘 9.94mg
비타민A 560.04㎍
비타민C 1.99mg

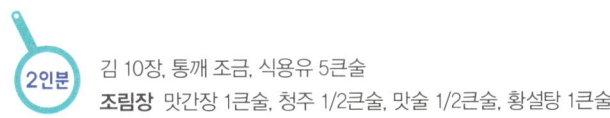

2인분 김 10장, 통깨 조금, 식용유 5큰술
조림장 맛간장 1큰술, 청주 1/2큰술, 맛술 1/2큰술, 황설탕 1큰술

1 김 자르기 김을 가로세로 1.5cm 크기로 네모지게 자른다.

3 조림장 끓이기 팬에 조림장 재료를 모두 넣어 끓인다.

2 김 볶기 달군 팬에 기름을 넉넉히 두르고 김을 넣어 약한 불에서 초록색이 될 때까지 볶는다.

4 김 조리기 조림장이 끓어오르면 볶은 김을 넣고 충분히 조린다. 마지막에 통깨를 뿌린다.

• • •

김을 볶을 때 불이 너무 세면 탈 수 있어요. 기름을 넉넉히 두르고 약한 불에서 볶으세요.

어묵볶음

어묵볶음은 아이들이 좋아하는 반찬 중 하나예요. 채소와 볶아도 맛있지만
마른새우와 함께 볶으면 새우 향이 솔솔 나 참 맛있답니다.

영양구성

칼로리 113.71kcal
단백질 10.11g
지방 4.03g
탄수화물 9.16g
칼슘 98.04mg
비타민A 29.87μg
비타민C 1.6mg

 **2인분** 어묵 200g, 마른새우 1/2컵, 양파 1/4개, 올리고당 1/2큰술, 참기름 1작은술,
통깨 1작은술, 송송 썬 쪽파 조금, 식용유 3큰술
어묵 양념 간장 1큰술, 올리고당 1큰술, 다진 마늘 1/2작은술, 물 1/2컵

1 어묵·양파 썰기 어묵
은 한 입 크기로 적당히
썰고, 양파는 채 썬다.

4 양파 넣어 볶기 양념이
거의 졸아들면 채 썬 양
파를 넣어 볶는다.

2 마른새우 볶기 달군 팬
에 기름을 두르고 마른새
우를 바삭하게 볶아 잘게
다진다.

5 마른새우 넣기 양파가
익으면 다진 마른새우와
쪽파, 올리고당, 참기름,
통깨를 넣어 섞는다.

3 어묵 볶기 팬에 기름을
두르고 어묵을 넣어 1분
정도 볶은 뒤 어묵 양념
을 넣어 조린다.

● ● ●
어묵을 조리하기 전에 체에 담고 뜨거운 물을 한 번 끼얹어 첨가물을 제거하면 좋아요.

버섯 우엉볶음

우엉은 식이섬유가 풍부해 변비에 걸리기 쉬운 아이들에게 참 좋아요.
새송이버섯을 함께 볶아 맛을 더했어요.

영양구성

칼로리 95.43kcal
단백질 2.97g
지방 5.31g
탄수화물 10.68g
칼슘 45.15mg
비타민A 30.5μg
비타민C 2.06mg

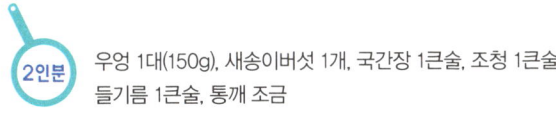

2인분 우엉 1대(150g), 새송이버섯 1개, 국간장 1큰술, 조청 1큰술, 들기름 1큰술, 통깨 조금

1 우엉·버섯 손질하기 우엉을 흐르는 물에 깨끗이 씻어 가늘게 채 썬다. 새송이버섯은 밑동을 잘라 내고 채 썬다.

3 새송이버섯 넣어 볶기 우엉이 부드럽게 익으면 국간장을 넣어 조금 더 볶다가 새송이버섯을 넣어 함께 볶는다.

2 우엉 볶기 달군 팬에 들기름을 두르고 채 썬 우엉을 넣어 숨이 죽을 때까지 충분히 볶는다.

4 조청 넣어 볶기 버섯이 부드럽게 익으면 불을 끄고 조청을 넣어 남은 열로 볶은 뒤 마지막에 통깨를 뿌린다.

● ● ●
우엉은 껍질에 흠이 없고 탄력 있는 것이 좋아요. 요즘에는 껍질을 벗겨서 많이 팔지요. 편하긴 하지만 흙이 붙어 있고 공기에 많이 노출되지 않은 것이 영양도 높고 맛도 좋아요.

감자 잡채

당면 대신 감자를 가늘고 길게 채 썰어 버섯과 함께 볶았어요.
채소도 다양하게 넣어 맛과 모양을 살렸어요.

영양구성

칼로리 101.5kcal
단백질 2.74g
지방 5.95g
탄수화물 12.11g
칼슘 14.41mg
비타민A 916.1㎍
비타민C 25.6mg

 **2인분** 감자 1개, 느타리버섯 1줌, 피망 1/3개, 양파 1/4개, 당근 1/4개, 소금 1/2작은술, 식용유 적당량
버섯 양념 간장 1큰술, 올리고당 1큰술, 후춧가루 조금

1 감자 준비하기 감자를 가늘게 채 썰어 물에 담그고, 소금 1/2작은술을 넣어 5분 정도 둔 다음 체에 밭쳐 물기를 뺀다.

4 감자 볶기 달군 팬에 기름을 두르고 물기 뺀 감자를 넣어 볶는다.

2 채소 썰기 양파와 당근, 피망은 감자와 비슷한 길이로 가늘게 채 썬다.

5 채소 넣어 볶기 감자가 어느 정도 익으면 준비한 채소와 양념한 버섯을 넣고 충분히 볶는다.

3 버섯 양념하기 느타리버섯을 가늘게 찢어 간장, 올리고당, 후춧가루로 양념한다.

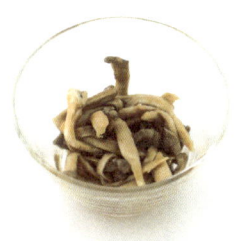

● ● ●
감자는 기름을 적당히 둘러야 잘 익어요. 기름기가 충분한지 보고 제대로 익히세요.

잔멸치 김볶음

잔멸치와 김을 바삭하고 짭조름하게 볶았어요. 아이들이 밥 없이도
마구 집어 먹을 정도로 좋아해요. 주먹밥을 만들 때 활용하기에도 딱 좋아요.

영양구성

칼로리 87.84kcal
단백질 7.37g
지방 3.82g
탄수화물 6.08g
칼슘 142mg
비타민A 131.29μg
비타민C 0.56mg

 **2인분**

잔멸치 1컵(50g), 김 1장, 꿀 1½작은술, 참기름·통깨 조금씩
양념장 맛간장 1작은술, 청주 2작은술, 물엿 1작은술

1 멸치 볶기 마른 팬에 멸치를 살짝 볶는다.

4 멸치 볶기 달군 팬에 맛간장과 물엿, 청주를 넣고 끓인다. 끓어오르면 준비한 멸치를 넣어 살짝 볶는다.

2 멸치 체에 거르기 볶은 멸치를 체에 내려 불순물을 털어낸다.

5 김 넣어 볶기 ④에 자른 김을 넣고 재빨리 섞은 다음 불을 끈다.

3 김 자르기 김을 마른 팬에 앞뒤로 구운 다음 세로 5cm, 가로 0.5cm 정도 크기로 자른다.

6 꿀 넣어 버무리기 ⑤에 꿀을 넣어 골고루 버무린 뒤 참기름과 통깨를 넣어 섞는다.

● ● ●
남은 멸치는 마른 팬에 살짝 볶아 수분을 날린 후 체에 쳐 잔 가루와 불순물을 털어낸 뒤 지퍼백에 나눠 담아 냉동실에 두고 필요할 때 사용하세요.

김치볶음

아직 김치를 매워하는 아이를 위해 양념을 씻어내고 참기름에 달달 볶아
달콤하고 고소한 김치볶음을 만들어 주세요. 김치볶음으로 주먹밥을 만들어도 맛있답니다.

 **2인분** 배추김치 1/4포기, 맛간장 1/2작은술, 황설탕 1작은술, 들기름 2작은술

1 김치 손질하기 김치는 속을 털어내고 흐르는 물에 씻은 뒤 반나절 정도 물에 담가둔다.

3 김치 양념하기 잘게 썬 김치에 황설탕과 맛간장, 들기름을 넣어 조물조물 무친다.

2 김치 썰기 물에 담가둔 김치를 꺼내 물기를 꼭 짜고 잘게 썬다.

4 김치 볶기 마른 팬에 양념한 김치를 담고 김치가 부드럽게 익을 때까지 충분히 볶는다.

● ● ●

김치를 들기름으로 양념해서 볶을 때는 기름을 두르지 않아도 돼요. 김치마다 매운 맛이 다르기 때문에 물에 담가놓는 시간도 다를 수 있어요. 맛을 보고 시간을 조절하세요.

오징어볶음

아이들은 오징어의 쫄깃쫄깃한 맛을 참 좋아해요.
아직 매운 걸 잘 못 먹는 아이라면 고춧가루를 빼고 만들면 돼요.

영양구성

칼로리 135kcal
단백질 10.87g
지방 14.81g
탄수화물 9.82g
칼슘 32.3mg
비타민A 928.48㎍
비타민C 9.97mg

 **2인분** 오징어 1마리, 애호박 1토막(3cm), 양파 1/3개, 당근 1/4개, 깨소금 적당량, 식용유 2큰술
볶음 양념 다진 마늘 1/2큰술, 고춧가루 1/2작은술, 굴소스 1½큰술, 청주 1큰술, 꿀 2작은술, 황설탕 1/2작은술, 참기름 1작은술

1 오징어 손질하기 오징어는 껍질을 벗겨내고 내장도 깨끗이 제거한 뒤 한 입 크기로 작게 썬다.

4 채소 볶기 달군 팬에 식용유를 두르고 당근, 애호박, 양파 순으로 넣어 볶는다.

2 채소 썰기 애호박과 양파, 당근은 껍질을 벗겨 가로세로 1cm 크기로 네모지게 썬다.

5 오징어 볶기 당근이 어느 정도 익으면 데친 오징어를 넣고 함께 볶는다.

3 오징어 데치기 썰어둔 오징어를 끓는 물에 10초 정도 데친 뒤 체에 밭쳐 물기를 뺀다.

6 양념하기 볶음 양념을 섞어 ⑤에 넣고 센 불에서 재빨리 볶는다. 마지막에 불을 끄고 깨소금을 뿌린다.

• • •
싱싱한 오징어라면 껍질을 벗겨내지 않아도 상관없어요. 오징어 껍질엔 타우린 성분이 풍부해 뇌세포 형성을 도와준답니다.

베이컨 숙주나물볶음

베이컨과 숙주나물의 환상적인 궁합은 오코노미야키에서도 볼 수 있어요.
베이컨 숙주나물볶음은 오코노미야키보다 쉽고 간편하게 만들 수 있답니다.

영양구성

칼로리 113.37kcal

단백질 6.52g

지방 8.59g

탄수화물 2.76g

칼슘 18.2mg

비타민A 61.41μg

비타민C 14.5mg

 **2인분** 숙주나물 150g, 베이컨 5장, 참기름 1작은술
볶음 양념 맛간장 1/2작은술, 청주 1/2작은술, 다진 마늘 1/2작은술, 송송 썬 쪽파 1작은술,
통깨·후춧가루 조금씩, 물 1/2컵
녹말물 녹말가루 1작은술, 물 1작은술

1 숙주나물 씻기 숙주나물을 다듬어 흐르는 물에 깨끗이 씻은 뒤 체에 밭쳐 물기를 뺀다.

4 숙주나물 넣어 볶기 베이컨이 거의 다 익었을 때 숙주나물과 볶음 양념을 모두 넣고 숙주나물의 숨이 죽도록 센 불에서 재빨리 볶는다.

2 베이컨 썰기 베이컨은 1cm 너비로 썬다.

5 녹말물 두르기 숙주나물이 다 익으면 불을 중간으로 줄이고 녹말물을 섞어 두른 뒤 불을 끄고 참기름을 넣는다.

3 베이컨 볶기 마른 팬에 베이컨을 넣어 볶는다. 기름이 너무 많이 나오면 종이타월로 닦아낸다.

● ● ●

베이컨이 없을 때는 돼지고기를 얇고 작게 썰어 넣어도 괜찮아요.

돼지고기 가지볶음

돼지고기의 단백질은 성장기 아이들의 근육 형성에 도움을 준다고 해요.
돼지고기와 궁합이 잘 맞는 가지를 함께 넣어 부드럽게 볶은 반찬이에요.

영양구성

칼로리 139.15kcal
단백질 9.41g
지방 10.27g
탄수화물 2.23g
칼슘 19.56mg
비타민A 35.28μg
비타민C 2.86mg

2인분 돼지고기(항정살) 150g, 가지 1개, 통깨 조금
돼지고기 밑간 간장 1작은술, 청주 1작은술, 다진 생강 1작은술, 후춧가루 조금
볶음 양념 맛간장 1/2큰술, 청주 1큰술, 굴소스 1큰술, 황설탕 1/2큰술,
다진 마늘 1/2작은술, 참기름 1작은술, 후춧가루 조금, 물 3큰술

1 가지 썰기 가지는 길게 반 갈라 0.5cm 두께의 반달 모양으로 썬다.

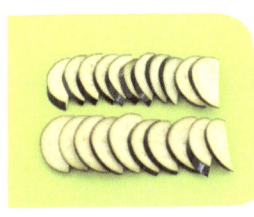

2 돼지고기 밑간하기 돼지고기는 종이타월로 눌러 핏물을 없애고 한 입 크기로 썬다. 간장, 청주, 다진 생강, 후춧가루를 뿌려 10분 정도 잰다.

3 가지 굽기 마른 팬에 가지를 올려 앞뒤로 노릇하게 굽는다.

4 돼지고기 볶기 밑간한 돼지고기를 팬에 올려 볶는다.

5 가지 넣어 볶기 돼지고기가 반쯤 익으면 구운 가지와 볶음 양념을 모두 넣어 충분히 볶은 뒤 불을 끄고 통깨를 뿌린다.

• • •
돼지고기 가지볶음은 반찬으로도 좋지만 덮밥처럼 밥 위에 얹어 먹어도 좋아요.

전복 관자볶음

대표 보양 식품인 전복과 조개관자는 어른들에게도 좋지만
성장기 아이들 영양식으로도 그만이에요. 쫄깃하고 담백해서 아이들도 좋아해요.

영양구성

칼로리 157.9kcal
단백질 11.88g
지방 8.99g
탄수화물 7.47g
칼슘 20.95mg
비타민A 155.48㎍
비타민C 2.33mg

 **2인분** 전복 3~4마리, 조개관자 2개, 생강즙 1/2큰술, 버터 1큰술, 맛간장 1작은술, 맛술 1/2큰술, 다진 마늘 1/2작은술

1 전복 손질하기 전복은 숟가락으로 살을 떼어낸 뒤 내장과 이빨을 잘라내고 솔로 문질러 깨끗이 씻는다.

3 조개관자·전복 밑간하기 썰어둔 전복과 조개관자에 생강즙을 뿌려 10분 정도 잰다.

2 조개관자·전복 썰기 조개관자는 옆에 붙은 내장을 떼고 살만 흔들어 씻은 다음 전복과 함께 한 입 크기로 썬다.

4 조개관자·전복 볶기 달군 팬에 버터를 녹이고 조개관자와 전복을 넣어 센 불에서 20초 정도 볶는다. 맛간장과 다진 마늘, 맛술을 넣고 재빨리 한 번 더 볶아낸다.

● ● ●

조개관자와 전복은 너무 익히면 질겨져서 먹기 힘들어요. 센 불에서 재빨리 익히세요.

두부 달걀말이

평소 해 주던 반찬에 작은 변화를 주면 아이들은 새로운 요리를 본 것처럼
눈을 반짝이며 좋아한답니다. 달걀말이 속에 두부를 쏙 넣었더니 특별한 반찬이 됐어요.

영양구성

칼로리 164.06kcal
단백질 10.87g
지방 10.26g
탄수화물 2.2g
칼슘 111.67mg
비타민A 230.71μg
비타민C 1.92mg

 **2인분** 달걀 3개, 두부 1/2모, 다진 파 1작은술, 맛술 1/2큰술, 소금 1/2작은술, 밀가루 조금, 식용유 적당량

1 달걀 풀기 달걀을 풀고 다진 파, 맛술, 소금을 넣어 골고루 섞는다.

4 달걀물 부어 익히기 기름을 두른 사각 팬에 달걀물을 반만 붓는다. 밑면이 다 익으면 두부를 한쪽 끝에 올려 돌돌 만다.

2 두부 준비하기 두부는 가로세로 2cm 크기로 길게 썰어 밀가루를 입힌다.

5 남은 달걀물 부어 말기 말아놓은 달걀말이 옆에 남은 달걀물을 붓고 밑면이 다 익으면 이어서 돌돌 만다.

3 기름 두르기 달군 사각 팬에 기름을 두르고 종이타월로 한 번 닦아낸다.

● ● ●

팬에 기름이 많은 상태로 달걀물을 부으면 달걀말이 모양이 거칠어져요. 종이타월로 기름을 살짝 닦아낸 다음 달걀물을 부으세요.

장똑똑이

장똑똑이는 쇠고기를 채 썰어 갖은 양념을 해 볶은 우리나라 전통 음식이에요.
쇠고기 대신 부드러운 돼지고기 안심으로 만들어 아이들이 먹기 좋아요.

영양구성

칼로리 149.7kcal
단백질 8.08g
지방 6.65g
탄수화물 8.12g
칼슘 7.85mg
비타민A 2.12㎍
비타민C 1mg

 **2인분** 돼지고기(안심) 200g, 다진 파 1큰술, 맛간장 1½큰술, 꿀 1/2큰술
돼지고기 밑간 양파즙 1/2큰술, 다진 마늘 1작은술, 황설탕 1큰술, 참기름 1/2큰술

1 돼지고기 썰기 돼지고기를 종이타월로 눌러 핏물을 빼고 가늘게 채 썬다.

3 돼지고기 볶기 마른 팬을 달궈 양념한 돼지고기를 볶는다.

2 돼지고기 밑간하기 채 썬 돼지고기에 양념을 모두 넣고 골고루 섞은 뒤 10분 정도 잰다.

4 맛간장·꿀 넣기 돼지고기가 거의 다 익으면 맛간장을 넣고 물기 없이 볶은 뒤 불을 끄고 꿀과 다진 파를 넣어 섞는다.

● ● ●
양파즙은 양파를 강판에 갈아서 체에 한 번 거르면 돼요. 남은 양파즙은 얼음 틀에 1큰술씩 담아 랩을 씌워 얼린 뒤 필요할 때마다 꺼내 쓰면 편해요.

된장불고기

고추장 대신 된장을 넣어 돼지고기 불고기를 만들었어요.
온 가족이 함께 먹을 수 있어 좋아요.

영양구성

칼로리 210.85kcal
단백질 15.02g
지방 12.23g
탄수화물 9.63g
칼슘 28.3mg
비타민A 504.71μg
비타민C 10.82mg

 **2인분** 돼지고기(목살) 300g, 양파 1/2개, 부추 4~5줄기
된장양념 된장 2/3큰술, 국간장 1/2작은술, 다진 마늘 1작은술,
고춧가루 1/2작은술, 올리고당 1큰술, 황설탕 1작은술,
맛술 1큰술, 참기름 1/2큰술, 통깨 1작은술, 물 4큰술

1 돼지고기 양념하기 작게 썬 돼지고기에 된장양념을 넣고 골고루 버무려 1시간 정도 잰다.

3 돼지고기 볶기 달군 팬에 양념한 돼지고기를 넣고 중간 불에서 볶는다.

2 부추·양파 썰기 부추는 3~4cm 길이로 썰고 양파는 채 썬다.

4 양파 넣어 볶기 돼지고기가 반쯤 익으면 양파를 넣어 볶는다. 고기가 다 익으면 불을 끄고 부추를 올린다.

• • •

돼지고기와 부추를 함께 섞어 볶아도 좋아요. 매운맛에 익숙하지 않은 아이라면 고춧가루는 빼세요.

생선전

지글지글 소리만 들어도 아이들이 달려와 군침을 흘리는 생선전.
남은 가시가 없는지 잘 살핀 다음 밀가루와 달걀옷을 깔끔하게 입혀서 부치세요.

영양구성

칼로리 140.66kcal
단백질 10.03g
지방 3.56g
탄수화물 8.28g
칼슘 37.45mg
비타민A 554.6㎍
비타민C 1.5mg

 **2인분** 포 뜬 동태살 10장, 소금 1/2작은술, 후춧가루 조금, 밀가루 적당량, 식용유 3~4큰술
달걀옷 달걀 2개, 다진 당근 1큰술, 다진 파 1큰술, 소금 1/3작은술

1 동태살 밑간하기 동태살을 종이타월로 눌러 물기를 뺀 뒤 소금과 후춧가루를 뿌려 밑간한다.

3 동태살에 옷 입히기 밑간한 동태살에 밀가루를 충분히 묻히고 여분의 가루를 털어낸 다음 달걀옷을 입힌다.

2 달걀옷 만들기 달걀을 풀고 다진 당근, 다진 파, 소금을 넣어 섞는다.

4 생선전 부치기 달군 팬에 기름을 두르고 달걀옷을 입힌 동태살을 올려 노릇하게 부친다.

• • •
생선전을 만들 때는 흰 살 생선을 주로 써요. 동태살을 가장 많이 쓰고 대구나 도미, 조기로 만들기도 한답니다.

브로콜리 동그랑땡

브로콜리는 뇌세포의 산화를 막고 면역력과 집중력을 키워주는 일등 식재료예요.
브로콜리를 듬뿍 넣은 브레인 동그랑땡으로 아이들 두뇌발달을 도와주세요.

영양구성

칼로리 194.55kcal
단백질 11.64g
지방 7.27g
탄수화물 13.35g
칼슘 27.34mg
비타민A 229.43㎍
비타민C 24mg

 **2인분** 다진 돼지고기 150g, 브로콜리 1/2송이(100g), 양파 1/4개, 달걀 1/2개, 부침가루 4큰술, 다진 마늘 1작은술, 생강즙 1큰술, 소금 1작은술, 후춧가루 조금, 식용유 적당량

1 돼지고기 밑간하기 다진 돼지고기에 생강즙과 후춧가루를 넣고 조물조물 무친다.

4 반죽하기 ③에 부침가루와 달걀, 다진 마늘, 소금 1작은술을 넣어 고루 섞는다.

2 브로콜리 다지기 냄비에 물 4컵을 붓고 팔팔 끓인 뒤, 소금 1작은술을 넣고 브로콜리를 한 입 크기로 작게 썰어 살짝 데친다. 데친 브로콜리는 바로 찬물에 헹궈 곱게 다진다.

5 동그랑땡 부치기 달군 팬에 기름을 두르고 반죽을 한 숟가락씩 동그랗게 올려 동그랑땡을 부친다.

3 채소·돼지고기 섞기 양파를 곱게 다진 뒤 돼지고기, 브로콜리와 함께 골고루 섞는다.

● ● ●

브로콜리는 전체적으로 둥글고 송이가 빽빽한 것이 좋아요. 색이 변하거나 줄기가 갈라진 것은 피하세요.

새우 감자전

감자는 알레르기를 일으키는 요소가 가장 적은 채소예요.
그중에서도 감자전은 아이들이 아주 좋아하는 메뉴랍니다.

영양구성

칼로리 159.6kcal
단백질 7.72g
지방 7.08g
탄수화물 17.14g
칼슘 26.82mg
비타민A 49.05μg
비타민C 16.7mg

2인분 감자 2개, 냉동 칵테일 새우 1/2컵, 다진 양파 3큰술, 다진 파 1큰술,
소금 1/3작은술, 식용유 적당량

1 감자 갈기 감자는 껍질
을 벗겨 물에 씻은 뒤 강
판에 간다.

4 반죽하기 준비한 감자
에 다진 새우, 다진 파, 다
진 양파, 소금을 넣어 골
고루 섞는다.

2 감자 거르기 강판에 간
감자를 체에 밭쳐 10분 정
도 둔다. 걸러진 물의 맑
은 웃물은 따라 버리고 바
닥에 가라앉은 녹말은 다
시 물기 뺀 감자와 섞는다.

5 감자전 부치기 달군 팬
에 기름을 넉넉히 두르고
감자전 반죽을 한 숟가락
씩 올려 앞뒤로 노릇하게
부친다.

3 새우 다지기 냉동 칵
테일 새우를 해동해 곱게
다진다.

● ● ●

체에 감자를 거를 때 숟가락으로 꾹꾹 눌러 녹말을 더 빼주면 조금 더 쫀득한 감자전을 만
들 수 있어요.

두부 빈대떡

콩을 잘 먹지 않으려고 하는 아이에게는 콩 대신 두부를 먹이세요. 두부를 갈아
여러 채소를 넣어 부친 두부 빈대떡은 아이들이 햄만큼이나 좋아하는 반찬이랍니다.

영양구성

칼로리	181.65kcal
단백질	10.74g
지방	12.05g
탄수화물	7.78g
칼슘	61.09mg
비타민A	125.34μg
비타민C	5.09mg

 **2인분**

두부 1/2모(200g), 다진 돼지고기 50g, 숙주나물 1줌(50g),
배추김치 2장, 달걀 1개, 통밀가루 3큰술, 생강즙 1작은술,
설탕 1/2작은술, 참기름 2작은술, 소금 1/2작은술, 식용유 적당량

1 두부 으깨기 두부를 칼
옆면으로 눌러 곱게 으깬다.

3 반죽하기 으깬 두부와
다진 돼지고기, 김치, 숙
주나물을 한데 담고 통밀
가루, 달걀, 생강즙, 설탕,
소금, 참기름을 넣어 골고
루 섞는다.

**2 김치·숙주나물 준비하
기** 김치는 흐르는 물에
씻어 물기를 꼭 짜고 잘게
다진다. 숙주나물도 깨끗
이 씻어 다진다.

4 빈대떡 부치기 달군 팬
에 식용유를 넉넉히 두르
고 반죽을 한 숟가락씩
떠 올려 앞뒤로 노릇하게
부친다.

• • •
들기름과 식용유를 1:1 비율로 섞어 사용하면 더 고소한 맛을 낼 수 있어요. 김치를 넣었기
때문에 소금은 조금만 넣어도 된답니다.

양배추 오징어전

평소 아이에게 양배추를 먹이기는 쉽지 않죠. 가늘게 채 썰어 여러 재료와 함께 반죽해 전을 부치면 아이가 맛있게 잘 먹어요. 집에 있는 채소를 활용하면 더 좋아요.

영양구성

칼로리 145.35kcal
단백질 10.67g
지방 7.29g
탄수화물 9.73g
칼슘 35.23mg
비타민A 248.05μg
비타민C 9.4mg

 **2인분** 오징어 1/2마리, 양배추 1/8개, 청·홍피망 1/2개씩, 양파 1/4개, 달걀 1개,
부침가루 4큰술, 물 2큰술, 소금 1/4작은술, 식용유 적당량

1 양배추 썰기 양배추는
최대한 가늘게 채 썬다.

4 오징어 다지기 오징어
는 흐르는 물에 깨끗이
씻어 잘게 다진다.

2 양배추 절이기 채 썬
양배추에 소금을 뿌려 5분
정도 절인다. 절인 양배추
는 물기를 가볍게 짠 다음
잘게 다진다.

5 반죽하기 부침가루에
물 2큰술과 달걀을 넣어
멍울 없이 골고루 섞은
뒤, 준비한 양배추와 오징
어, 피망, 양파를 넣고 고
루 섞는다.

3 피망·양파 다지기 피
망과 양파는 잘게 다진다.

6 전 부치기 달군 팬에
기름을 두르고 반죽을 한
숟가락씩 떠 올려 노릇하
게 부친다.

● ● ●
오징어는 진한 갈색이나 연한 회색을 띠는 것이 신선해요. 생물을 사서 깨끗이 손질한 다음
냉동실에 얼려두고 필요할 때 꺼내 쓰면 편해요.

뚝배기 달걀찜

곱게 푼 달걀을 새우젓으로 간 맞춰 부드럽게 익힌 달걀찜이에요.
뚝배기에 안쳐 푸짐하게 준비하면 보기만 해도 군침이 돌아 자꾸 숟가락이 간답니다.

영양구성

칼로리 89.1kcal
단백질 6.6g
지방 6.51g
탄수화물 0.55g
칼슘 40mg
비타민A 180.3㎍
비타민C 0.48mg

 **2인분** 달걀 4개, 다진 새우젓 1작은술, 맛술 1작은술, 소금 조금, 송송 썬 쪽파 조금

1 달걀 풀기 달걀을 풀고 다진 새우젓과 맛술, 소금을 넣어 골고루 섞는다.

3 달걀물 붓기 물이 끓으면 달걀물을 붓고 달걀이 서로 엉길 때까지 저어가며 센 불에서 끓인다.

2 뚝배기에 물 끓이기 뚝배기에 물 1컵을 담아 끓인다.

4 뜸 들이기 달걀이 엉기면 뚜껑을 닫고 불을 약하게 줄여 3분 정도 익힌다. 뚜껑을 열어 송송 썬 쪽파를 뿌리고 다시 뚜껑을 덮어 불을 끈 다음 1분 정도 뜸을 들인다.

• • •

달걀찜은 바닥이 쉽게 탈 수 있으니 바닥 부분까지 충분히 저어가며 끓이세요.

생선완자찜

아직 생선 가시를 발라내기 어려운 아이를 위해 흰 살 생선으로 완자를 만들어 주세요.
손이 많이 가는 요리지만 동글동글한 모양 덕분에 아이가 좋아하며 잘 먹는답니다.

영양구성

칼로리 153.67kcal
단백질 29.42g
지방 3.15g
탄수화물 8.35g
칼슘 89.84mg
비타민A 666.4㎍
비타민C 39.27mg

 **2인분** 생선살 100g, 다진 파프리카 3큰술, 다진 양파 1½큰술,
생강즙 1작은술, 소금 1작은술, 후춧가루 조금, 녹말가루 조금

1 생선살 다지기 생선살을 종이타월로 눌러 물기를 뺀 뒤 믹서에 갈거나 칼로 곱게 다진다.

3 완자 빚기 ②의 반죽을 작고 동그랗게 빚어 녹말가루를 입힌다.

2 반죽하기 곱게 간 생선살에 다진 파프리카와 다진 양파, 생강즙, 소금, 후춧가루를 넣어 골고루 섞는다.

4 완자 찌기 김이 오른 찜통에 완자를 넣어 10분 정도 찐다.

● ● ●

새우, 오징어 등 다양한 해산물을 생선살과 섞어서 해물완자를 만들어도 좋아요.

칠리새우

새우를 기름에 튀기는 대신 팬에 노릇하게 구워서 칠리소스에 버무렸어요.
기름기는 확 줄고 맛은 더 좋아진 홈메이드 칠리새우에 도전해보세요.

영양구성

칼로리 214.78kcal
단백질 12.52g
지방 9.73g
탄수화물 18.93g
칼슘 52.18mg
비타민A 124.6㎍
비타민C 5.71mg

 **2인분** 새우(중하) 15마리, 녹말가루 1/2컵, 소금·후춧가루 조금씩, 식용유 1/2컵
칠리소스 토마토케첩 3큰술, 고추장 1작은술, 다진 피망 1큰술,
다진 양파 2큰술, 다진 마늘 1/2큰술, 간장 1/2큰술, 황설탕 1큰술, 물 3큰술, 식용유 1큰술

1 새우 손질하기 새우는 머리와 껍데기, 내장을 정리하고 물에 헹군다. 꼬리 쪽 껍데기 한 마디는 남겨 둔다. 소금과 후춧가루로 밑간해 5분 정도 둔다.

4 칠리소스 만들기 ③에 토마토케첩과 고추장, 다진 마늘, 간장, 황설탕, 물을 넣어 끓인다. 바글바글 끓기 시작하면 불을 약하게 줄여 걸쭉해질 때까지 졸인다.

2 새우에 옷 입히기 밑간한 새우를 비닐봉지에 담고 녹말가루를 넣어 입구를 막고 흔들어 녹말가루를 골고루 입힌다.

5 새우 굽기 달군 팬에 기름을 두르고 녹말가루를 입힌 새우를 올려 앞뒤로 충분히 굽는다.

3 양파·피망 볶기 냄비에 기름을 두르고 다진 양파와 다진 피망을 넣어 양파가 투명해질 때까지 중간 불에서 볶는다.

6 소스에 버무리기 ④의 소스에 구운 새우를 넣고 가볍게 버무린다.

● ● ●

새우에 물기가 남아 있으면 기름을 많이 흡수한답니다. 종이타월로 눌러 새우 표면의 물기를 닦아내세요.

고등어 강정

DHA가 풍부한 고등어를 바삭하게 구워 달콤한 소스에 버무린 고등어 강정.
굽거나 조리는 것 외에도 아이들이 좋아하는 레시피는 따로 있답니다.

영양구성

칼로리 266.35kcal
단백질 12.25g
지방 16.73g
탄수화물 17.14g
칼슘 26.08mg
비타민A 72.78μg
비타민C 0.68mg

 **2인분** 고등어(생물) 1마리, 맛술 1큰술, 생강즙 1큰술, 녹말가루 적당량, 식용유 1/2컵
간장소스 간장 1큰술, 올리고당 1큰술, 황설탕 1/2큰술,
식초 1작은술, 다진 마늘 1/2작은술, 물 3큰술

1 고등어 손질하기 고등어는 배를 가르고 가시를 모두 빼낸 뒤 맛술과 생강즙을 뿌려 10분 정도 둔다.

3 고등어 굽기 달군 팬에 기름을 두르고 준비한 고등어를 올려 바삭하게 구운 뒤 종이타월에 올려 기름을 뺀다.

2 고등어에 옷 입히기 밑간한 고등어를 한 입 크기로 썰어 녹말가루를 담은 비닐봉지에 넣고 흔든다. 옷이 골고루 입혀지면 고등어를 꺼내 여분의 가루를 털어낸다.

4 소스에 버무리기 달군 팬에 간장소스 재료를 모두 넣고 가운데가 바글바글 끓으면 구운 고등어를 넣어 골고루 버무린다.

• • •

고등어는 반드시 절이지 않은 것을 준비하세요. 소스에 버무리기 때문에 자반고등어로 만들면 너무 짜서 먹기 어려워요.

등갈비조림

밖에서 먹으면 값도 비싸고 양도 적은 등갈비 요리. 이제 집에서 쉽게 만들어 푸짐하게 즐기세요.
아이가 정말 좋아해서 다른 반찬 없이도 밥 두 공기를 뚝딱 해치운답니다.

영양구성

칼로리 198.58kcal
단백질 15.01g
지방 11.27g
탄수화물 8.05g
칼슘 22.13mg
비타민A 51.17㎍
비타민C 19.97mg

 **2인분** 돼지등갈비 400g, 생강 1톨, 참기름 1/2큰술, 식용유 적당량
조림장 오렌지주스 1/2컵, 레드와인 1⅓큰술, 간장 1큰술,
다진 양파 1/4개분, 다진 마늘 2큰술, 조청 1큰술

1 등갈비 손질하기 등갈비를 한 대씩 썰어 흐르는 물에 씻은 뒤 체에 밭쳐 물기를 뺀다.

4 다진 양파·마늘 볶기 달군 팬에 기름을 두르고 다진 양파와 다진 마늘을 넣어 매운 향이 날아가도록 볶는다.

2 등갈비 찌기 김이 오른 찜통에 등갈비와 얇게 저민 생강을 담고 25~30분 정도 찐다.

5 조림장 만들기 양파와 마늘의 매운 향이 날아가면 간장, 조청, 레드와인, 오렌지주스를 넣어 끓인다.

3 등갈비 굽기 팬에 식용유와 참기름을 두르고 찐 등갈비를 올려 앞뒤로 노릇하게 굽는다.

6 등갈비 넣어 조리기 조림장이 바글바글 끓으면 구운 등갈비를 넣고 골고루 버무려 국물이 자작해질 때까지 조린다.

● ● ●
등갈비를 찔 때 생강 대신 월계수잎을 1장 넣어도 좋아요.

어린이 닭갈비

아이들이 좋아하는 베스트 메뉴 중 하나예요. 매운맛은 쏙 빼고 달착지근하게 만들면
정말 맛있게 잘 먹는답니다. 다양한 채소를 듬뿍 넣어 영양도 그만이에요.

영양구성

칼로리 233.07kcal
단백질 12.98g
지방 9.5g
탄수화물 12.41g
칼슘 24.86mg
비타민A 930.7㎍
비타민C 10.24mg

 **2인분** 닭다리살 300g, 떡볶이 떡 6개, 고구마 1/2개, 쪽파 1뿌리, 양배추 1/8개, 파프리카 1/2개, 당근 1/6개, 식용유 3큰술
닭고기 밑간 맛간장 1작은술, 청주 1큰술, 생강즙 1큰술
닭갈비 양념 간장 2큰술, 청주 1큰술, 다진 마늘 1큰술, 올리고당 1작은술, 황설탕 2/3큰술

1 닭고기 재기 닭다리살을 한 입 크기로 썰어 맛간장, 청주, 생강즙에 10분 정도 잰다.

2 채소 썰기 양배추와 파프리카는 한 입 크기로 네모지게 썰고, 당근은 반 갈라 반달 모양으로 얇게 썬다.

3 고구마·떡 준비하기 고구마는 껍질을 벗기고 한 입 크기로 썰어 끓는 물에 3분 정도 데친다. 떡은 크기에 따라 2~3등분한다.

4 채소 볶기 달군 팬에 기름을 두르고 당근, 파프리카, 양배추 순으로 넣어 볶는다.

5 닭고기 넣어 볶기 채소의 숨이 죽고 반쯤 익으면 밑간한 닭고기와 닭갈비 양념을 모두 넣고 중간 불에서 볶는다.

6 고구마·떡 넣기 닭고기가 거의 익으면 데친 고구마와 떡을 넣고 3분 정도 더 볶은 뒤, 불을 끄고 쪽파를 썰어 넣는다.

● ● ●
마트에 가면 닭고기를 부위별로 고를 수 있어요. 닭다리살이 없으면 안심이나 가슴살을 사용해도 좋아요. 떡이 딱딱할 경우에는 고구마와 함께 데쳐서 넣으세요.

아이 입맛에 딱 맞는 김치 & 피클

양배추 물김치

양배추 1/4개, 사과 1/2개, 쪽파 2뿌리, 마늘 1쪽, 생강 1톨(엄지손톱 크기),
멸치액젓 2큰술, 소금 1작은술, 물 4½컵
찹쌀풀 찹쌀가루 1큰술, 소금 1작은술, 물 1큰술

1 **양배추 절이기** 양배추는 작게 썰고 소금을 뿌려 15~20분 정도 절인다.
2 **재료 손질하기** 마늘과 생강은 깨끗이 씻어 채 썰고, 사과는 씨를 도려내고 큼직하게 썬다.
쪽파는 생강과 비슷한 길이로 채 썬다.
3 **찹쌀풀 만들기** 냄비에 찹쌀가루와 물을 담아 끓인다. 걸쭉해지면 불을 끄고 소금으로 간
해 한 김 식힌다.
4 **재료 섞기** 절인 양배추와 손질한 재료들을 섞고 찹쌀풀과 멸치액젓, 물을 부어 골고루 섞
는다. 밀폐용기에 담아 냉장고에서 3~4일 정도 익힌다.

파프리카 깍두기

무 1½토막(500g), 배 1개, 고춧가루 1/2큰술, 황설탕 1½작은술, 소금 1작은술, 쪽파 조금
양념 빨간 파프리카 1/2개(65g), 다진 마늘 2/3큰술, 다진 생강 1/4작은술, 새우젓 1작은술,
쌀밥 2작은술, 물 2큰술

1 **무·배 썰기** 무와 배는 껍질을 벗기고 가로세로 1cm 크기의 주사위 모양으로 썬다.
2 **무·배 절이기** 무와 배를 한데 담아 황설탕, 고춧가루, 소금을 넣어 골고루 버무려 15분간
절인다.
3 **양념 만들기** 믹서에 양념 재료를 모두 넣고 곱게 간다.
4 **깍두기 버무리기** ②에 곱게 간 양념을 붓고 쪽파를 작게 썰어 넣어 골고루 버무린다. 하루
동안 실온에서 익힌 다음 냉장고에 보관한다.

유산균이 풍부해 소화를 돕는 김치와 새콤달콤 입맛을 돋우는 피클.
아직 매운맛과 강한 신맛에 익숙하지 않은 아이들을 위해 순한 엄마표 김치와 피클을 만들어 주세요.
방법이 너무 쉬워서 놀랄지도 몰라요.

무 오이 피클

무 1kg, 오이 2개, 식초 1컵, 황설탕 2/3컵, 피클링 스파이스 1큰술, 소금 1작은술, 물 1컵

1 **유리병 소독하기** 냄비에 물을 붓고 유리병을 엎어 끓인다. 물이 끓기 시작하면 10~15분 정
   도 더 끓인 뒤 병을 꺼내 자연 건조시킨다.
2 **오이·무 썰기** 오이는 길게 반 갈라 반달 모양으로 얇게 썰고, 무는 가로세로 1.5cm 크기
   로 네모지게 썬다.
3 **단촛물 끓이기** 냄비에 황설탕, 피클링 스파이스, 소금, 물을 담아 끓인다. 끓어오르면 식
   초를 넣어 1분 정도 더 끓인다.
4 **유리병에 담기** 소독한 유리병에 오이와 무를 담고 끓인 단촛물을 뜨거울 때 부어 한 김 식
   힌다. 뚜껑을 닫고 냉장고에 넣어 4~5일 이상 익힌다.

버섯 피클

양송이버섯 10개, 새송이버섯 2개, 간장 1/2컵, 황설탕 1/2컵, 식초 1/2컵, 물 1/2컵

1 **유리병 소독하기** 냄비에 물을 붓고 유리병을 엎어 끓인다. 물이 끓기 시작하면 10~15분 정
   도 더 끓인 뒤 병을 꺼내 자연 건조시킨다.
2 **버섯 썰기** 양송이버섯은 반 가르고, 새송이버섯은 한 입 크기로 썬다.
3 **버섯 데치기** 냄비에 물을 넉넉히 부어 끓인다. 끓어오르면 버섯을 넣어 1분 정도 데친 뒤
   체에 밭쳐 물기를 뺀다.
4 **단촛물 끓이기** 냄비에 간장, 황설탕, 물을 담아 끓인다. 끓어오르면 식초를 넣어 1분 정도
   더 끓인다.
5 **유리병에 담기** 소독한 유리병에 데친 버섯을 넣고 끓인 단촛물을 뜨거울 때 부어 한 김 식
   힌다. 뚜껑을 닫아 냉장고에 보관한다.

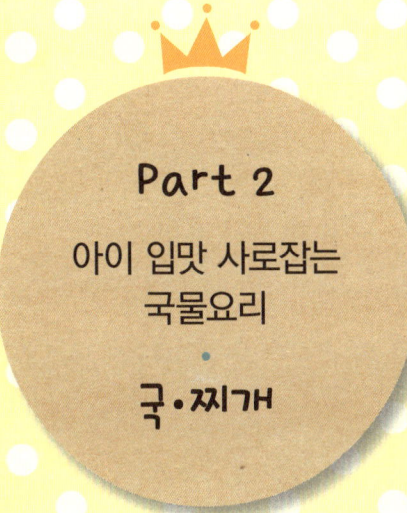

Part 2

아이 입맛 사로잡는 국물요리

·

국·찌개

국이나 찌개 하나만 있어도 아이가 밥 한 그릇을 뚝딱 비울 때가 있어요.
그래서 되도록 국 한 그릇에도 영양이 골고루 들어가도록 신경 써서 준비한답니다.
아이 입맛도 사로잡고 영양도 가득한 국물요리를 알려드릴게요.

감자 미역국

국물 맛이 부드러워서 아이들이 잘 먹어요. 감자를 넣어 끓였더니
고기를 따로 넣지 않아도 고소하고 맛있어서 참 좋아해요.

 **2인분** 마른미역 10g, 감자 1개, 국간장 1작은술, 다진 마늘 1작은술, 참기름 1작은술, 멸치다시마국물 4컵

1 마른미역 손질하기 마른미역을 찬물에 담가 3시간 이상 불린 다음 흐르는 물에 빡빡 문질러 씻고 물기를 꼭 짜서 작게 썬다.

3 미역·감자 볶기 냄비에 참기름을 두르고 미역과 감자를 넣어 볶는다. 미역 가장자리가 오그라들기 시작할 때까지 충분히 볶는다.

2 감자 썰기 감자는 껍질을 벗기고 0.5cm 두께의 반달 모양으로 얇게 썬다.

4 국물 부어 끓이기 ④에 멸치다시마국물을 붓고 센 불에서 끓인다. 끓어오르면 불을 약하게 줄이고 10~15분 정도 은근히 끓인 다음 다진 마늘, 국간장을 넣어 간을 맞추고 1~2분 정도 더 끓인다.

● ● ●
미역국은 국간장으로 간을 맞추는 게 기본이에요. 하지만 국간장이 없을 때는 액젓을 넣어도 된답니다.

부추 달걀국

짧은 시간에 후다닥 끓여낼 수 있는 맑은 달걀국이에요. 아침에 재빨리 끓여
아이 밥상에 올려주세요. 부드럽고 순해서 후루룩 마시기도 좋답니다.

영양구성

칼로리 100.7kcal
단백질 9.54g
지방 6.08g
탄수화물 1.61g
칼슘 105.7mg
비타민A 229.32㎍
비타민C 3.1mg

 **2인분** 부추 1/2줌, 두부 1/4모, 달걀 2개, 국간장 1/2작은술, 맛술 1큰술, 다진 마늘 1/2작은술, 멸치다시마국물 3컵

1 두부·부추 썰기 두부는 가로세로 1cm 크기로 네모지게 썰고, 부추는 2~3cm 길이로 썬다.

3 두부 넣어 끓이기 멸치다시마국물을 냄비에 담아 끓인다. 끓어오르면 두부를 넣는다.

2 달걀 풀기 달걀을 풀어 맛술을 넣고 젓가락으로 휘저어 섞는다.

4 달걀 넣고 간하기 두부가 어느 정도 익으면 달걀물을 붓고 다진 마늘을 넣어 30초 정도 끓이다가 부추를 넣는다. 국간장으로 간한 다음 1분 정도 더 끓인다.

• • •
달걀을 젓가락으로 풀 때 너무 많이 휘저으면 부드러운 맛이 덜해요. 가볍게 3~4번 정도만 저어 푸세요.

얼갈이배춧국

얼갈이배추로 끓인 구수한 된장국. 들깨가루의 고소한 맛에 아이들이 참 좋아해요.
얼갈이배추 대신 일반 배추를 넣고 끓여도 좋아요.

영양구성

칼로리 153.21kcal
단백질 17.09g
지방 6.46g
탄수화물 6.09g
칼슘 140.06mg
비타민A 64.34㎍
비타민C 22.01mg

 **2인분** 얼갈이배추 4포기(200g), 쇠고기 100g, 표고버섯 1개, 된장 1큰술, 다진 마늘 1작은술, 들깨가루 1½큰술, 멸치다시마국물 3½컵

1 얼갈이배추 데치기 얼갈이배추를 깨끗하게 다듬어 씻은 뒤 끓는 물에 40초 정도 데친다. 바로 찬물에 헹궈 물기를 짠다.

4 쇠고기 넣어 끓이기 냄비에 멸치다시마국물을 붓고 썰어둔 쇠고기를 넣어 끓인다.

2 얼갈이배추 양념하기 얼갈이배추를 먹기 좋은 크기로 썰어 된장과 다진 마늘로 조물조물 무친다.

5 얼갈이배추·표고버섯 넣어 끓이기 국물이 끓기 시작하면 양념한 얼갈이배추와 표고버섯을 넣고 한소끔 끓인다.

3 쇠고기·표고버섯 썰기 쇠고기는 종이타월로 핏물을 닦고 잘게 썬다. 표고버섯은 기둥을 떼고 얇게 저며 썬다.

6 들깨가루 넣기 국물이 팔팔 끓으면 들깨가루를 넣어 1분 정도 더 끓인다.

● ● ●

들깨가 들어간 국은 쉽게 상해요. 남은 국은 꼭 냉장 보관하세요.

시금치 토장국

비타민과 각종 미네랄이 풍부한 시금치는 아이들 밥상에서 결코 빠질 수 없죠.
된장과 고추장으로 맛을 내 국물이 시원하고 좋아요.

영양구성

칼로리 50.25kcal
단백질 3.69g
지방 0.94g
탄수화물 7.58g
칼슘 36.89mg
비타민A 2230.8㎍
비타민C 31.58mg

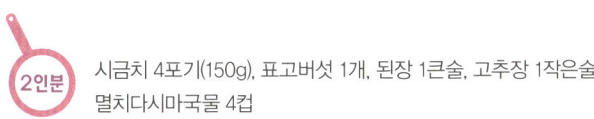

2인분 시금치 4포기(150g), 표고버섯 1개, 된장 1큰술, 고추장 1작은술, 멸치다시마국물 4컵

1 시금치 다듬기 시금치는 뿌리의 흙을 깨끗이 긁어낸 뒤 흐르는 물에 씻는다.

3 된장·고추장 풀어 끓이기 멸치다시마국물을 냄비에 담아 끓인다. 끓어오르면 된장과 고추장을 넣고 덩어리가 없도록 잘 푼 뒤 팔팔 끓인다.

2 시금치 데치기 시금치를 끓는 물에 30초 정도 데친 뒤 찬물에 헹궈 물기를 짜고 2~3cm 길이로 썬다.

4 시금치·표고버섯 넣어 끓이기 국물이 끓으면 준비한 시금치와 네모지게 썬 표고버섯을 넣어 한소끔 더 끓인다.

• • •
초봄에는 시금치 대신 냉이로 토장국을 끓이면 좋아요. 비타민과 칼슘, 철분 등의 영양소가 풍부한 냉이는 봄철 아이들 건강 식재료로 안성맞춤이에요.

쇠고기 뭇국

아이에게 감기 기운이 있거나 몸이 안 좋을 땐 쇠고기 뭇국을 끓여보세요.
국 한 그릇 먹고 나면 아이도 힘이 나는지 금방 기운을 차린답니다.

영양구성

칼로리 101.24kcal
단백질 9.03g
지방 5.54g
탄수화물 3.65g
칼슘 55.49mg
비타민A 68.03㎍
비타민C 10.5mg

2인분

쇠고기(양지머리) 100g, 두부 1/4모, 무 100g, 다시마 1조각(5×5cm),
국간장 조금, 다진 마늘 1/2작은술, 물 3½컵

1 두부·무 썰기 두부는
작게 깍둑썰기 하고, 무는
껍질을 벗겨 0.3cm 두께
로 나박썰기 한다.

4 물 부어 끓이기 쇠고기
가 살짝 익으면 물을 붓고
다시마를 넣어 센 불에서
한소끔 끓인다. 불을 줄여
10분 정도 더 끓이고 거품
은 걷어낸다.

2 쇠고기 썰기 쇠고기는
종이타월로 핏물을 닦고
작게 썬다.

5 간하기 국간장과 다진
마늘로 간을 맞춘 뒤 다
시마를 건져내서 잘게 채
썰어 다시 넣는다. 두부도
넣어 2~3분 정도 더 끓인다.

3 쇠고기·무 볶기 마른
냄비에 무와 쇠고기를 넣
고 약한 불에서 쇠고기
겉이 익을 때까지 볶는다.

● ● ●

고깃국은 양지머리로 끓여야 가장 맛있어요. 기름기를 발라내지 말고 그대로 끓여서 떠오
르는 기름을 걷어내는 것이 맛있게 끓이는 비결이에요.

김치 순두부찌개

아이들을 위한 맵지 않은 순두부찌개. 부드러운 두부에 김치를 송송 썰어 넣고
국간장으로만 간을 해 끓였어요. 맵지 않고 담백해서 아이들도 잘 먹어요.

영양구성

칼로리 118.7kcal

단백질 11.89g

지방 6.53g

탄수화물 4.83g

칼슘 126.5mg

비타민A 502.5μg

비타민C 11.63mg

 **2인분** 순두부 1봉지, 배추김치 2~3장, 쇠고기(양지머리) 50g, 애호박 1/6개,
국간장 1작은술, 참기름 1큰술, 멸치다시마국물 3컵

1 김치 썰기 김치를 물에
씻어 매운 양념을 없앤 뒤
물기를 꼭 짜고 송송 썬다.

4 쇠고기·김치 볶기 냄
비에 ②를 담아 저어가며
볶는다.

2 쇠고기·김치 양념하기
쇠고기를 종이타월로 눌
러 핏물을 뺀 뒤 잘게 썰
어서 김치와 함께 참기름
으로 조물조물 무친다.

5 국물 부어 끓이기 쇠고
기가 익으면 멸치다시마
국물을 붓고 애호박을 넣
어 끓인다.

3 애호박 썰기 애호박은
은행잎 모양으로 납작하
게 썬다.

6 순두부 넣고 간하기 국
물이 끓기 시작하면 순두
부를 넣고 국간장으로 간
한 뒤 한소끔 더 끓인다.

● ● ●
조갯살을 넣어도 맛이 좋아요. 해감을 뺄 필요 없이 소금물에 흔들어 씻기만 하면 되니 아
이들에게 만들어 주기에도 참 편해요.

바지락 오징어국

맑은 국물이 시원하고 담백한 바지락 오징어국. 오징어와 무는 맛과 영양 모든 면에서
환상의 짝꿍이랍니다. 바지락으로 끓여 따로 국물을 낼 필요가 없어요.

영양구성

칼로리 83.32kcal
단백질 15.38g
지방 0.93g
탄수화물 2.14g
칼슘 62.64mg
비타민A 66.68μg
비타민C 5.66mg

 **2인분** 바지락 400g, 오징어(몸통) 1/2마리, 무 100g, 송송 썬 쪽파 1작은술,
청주 1큰술, 소금 조금, 물 3컵

1 바지락 씻기 바지락은
바락바락 문질러 맑은 물
이 나올 때까지 3~4번 정
도 씻는다.

2 오징어·무 썰기 오징
어는 껍질을 벗기고 길게
반 자른 뒤 0.5cm 폭으로
가늘게 썬다. 무는 납작하
게 나박썰기 한다.

3 바지락 끓이기 냄비에
바지락을 담고 물 3컵과
청주를 넣어 중간 불에서
바지락 입이 벌어질 때까
지 끓인다.

4 오징어·무 넣기 ③에
썰어둔 오징어와 무를 넣
고 한소끔 끓인다.

5 간하기 국이 끓으면 소
금으로 간하고 마지막에
쪽파를 넣는다.

• • •
마트에서 파는, 봉지에 담긴 바지락은 따로 해감을 빼지 않아도 돼요. 일반 바지락을 사용할
때는 물 3컵에 소금 1작은술을 탄 소금물에 하루 동안 담가 해감을 빼세요. 바지락을 끓인
국물을 체에 한 번 거르면 남아 있는 모래를 깨끗이 없앨 수 있어요.

양배추 된장국

아이에게 평소 양배추 먹일 기회가 없었다면 국을 끓여보세요.
양배추의 달착지근하면서도 시원한 맛에 아이들도 푹 빠질 거예요.

영양구성

칼로리 58.2kcal
단백질 4.58g
지방 1.01g
탄수화물 8.57g
칼슘 89.47mg
비타민A 53.6μg
비타민C 17.49mg

 **2인분** 양배추 잎 2장, 팽이버섯 1/6봉지(25g), 양파 1/4개, 쪽파 2뿌리, 된장 1큰술, 다진 마늘 1/2작은술, 멸치다시마국물 3컵

1 양배추 썰기 양배추는 깨끗이 씻어 가로세로 1.5cm 크기로 네모지게 썬다.

2 양파·쪽파·버섯 썰기 양파는 가늘게 채 썰고, 쪽파는 송송 썬다. 팽이버섯은 뿌리를 자르고 2cm 길이로 썬다.

3 양배추·양파 넣어 끓이기 냄비에 멸치다시마국물을 부어 끓인다. 끓기 시작하면 된장을 풀고 양배추와 양파를 넣는다.

4 팽이버섯 넣어 끓이기 양배추가 익으면 팽이버섯과 다진 마늘을 넣고 한소끔 끓인 뒤 쪽파를 넣고 불에서 내린다.

● ● ●
양배추를 손질할 때 중간의 굵은 심은 칼로 깨끗이 도려내세요. 아이들은 물론 어른들이 먹기에도 너무 단단하답니다.

돼지고기 두붓국

인과 철분이 풍부한 돼지고기로 아이가 먹기에 딱 좋은 맑은국을 끓였어요.
돼지고기와 궁합이 잘 맞는 애호박을 넣어 맛을 살렸답니다.

영양구성

칼로리 157.93kcal

단백질 10.56g

지방 8.7g

탄수화물 5.5g

칼슘 128.56mg

비타민A 103.54㎍

비타민C 8.34mg

 **2인분** 돼지고기(안심) 100g, 애호박 1/4개, 양파 1/4개, 두부 1/4모, 새우젓 1/2작은술, 다시마멸치국물 3컵
돼지고기 밑간 다진 마늘 1/2작은술, 생강즙 1작은술, 후춧가루 조금.

1 돼지고기 밑간하기 돼지고기를 한 입 크기로 작게 썰어 다진 마늘, 생강즙, 후춧가루로 조물조물 무친 뒤 10분 정도 잰다.

4 국물 부어 끓이기 ③에 멸치다시마국물을 붓고 준비한 애호박과 양파를 넣어 끓인다.

2 애호박·양파·두부 썰기 애호박은 0.5cm 두께의 은행잎 모양으로 썰고, 양파와 두부는 한 입 크기로 네모지게 썬다.

5 두부 넣고 간하기 애호박이 익으면 두부와 새우젓을 넣고 한소끔 끓인다.

3 돼지고기 볶기 마른 냄비에 밑간한 돼지고기를 넣고 약한 불에서 살짝 볶는다.

● ● ●

젓국으로 맛을 내는 국은 오래 끓이지 마세요. 재료를 준비해 두었다가 먹기 직전에 바로 끓여야 맛있어요.

황태국

황태를 참기름에 볶다가 물을 부어 끓인 뒤 국간장으로 간을 했더니 시원한 맛이 일품이에요.
아이 먹일 국은 따로 담아놓고, 엄마 아빠가 먹을 국에는 청량고추를 넣어도 좋아요.

영양구성

칼로리 152kcal
단백질 23.64g
지방 5.52g
탄수화물 1.11g
칼슘 151.88mg
비타민A 92.36㎍
비타민C 2.72mg

 **2인분** 황태포 1/2마리(25g), 콩나물 1줌(50g), 달걀 1개, 국간장 1작은술, 다진 마늘 1작은술, 송송 썬 대파 조금, 참기름 1큰술, 멸치다시마국물 3컵

1 콩나물 손질하기 콩나물은 머리와 지저분한 꼬리를 떼고 깨끗이 씻어 물기를 턴다.

4 국물 부어 끓이기 ③에 멸치다시마국물을 붓고 콩나물, 다진 마늘을 넣어 10분 정도 끓인다.

2 황태포 다듬어 불리기 황태포는 머리를 자르고 껍질과 가시를 발라낸 다음 잘게 찢는다. 물에 담가 10분 정도 불린 뒤 물기를 꼭 짠다.

5 간하고 달걀 풀기 국이 끓으면 국간장으로 간을 맞추고 달걀을 깨뜨려 넣어 가볍게 푼 뒤 대파를 넣고 불을 끈다.

3 황태포 볶기 냄비에 참기름을 두르고 불린 황태포를 넣어 노릇해질 때까지 충분히 볶는다.

• • •
한겨울에 잡은 명태를 여러 번 얼렸다 녹이면서 말리면 노란색을 띠는데 이것을 황태라고 해요. 황태포를 방망이로 두들겨 부드럽게 해서 양념을 입혀 구워도 맛있어요.

매생이 홍합국

매생이에는 아이들 성장에 중요한 5대 영양소가 골고루 들어 있어요. 추운 겨울이 제철이지만,
구입해서 바로 냉동실에 얼려두면 일 년 내내 보관할 수 있어요.

영양구성

칼로리 67.19kcal
단백질 6.94g
지방 2.86g
탄수화물 3.52g
칼슘 111.48mg
비타민A 107.24μg
비타민C 6.4mg

2인분 매생이 1컵(150g), 홍합살 100g, 국간장 1작은술, 다진 마늘 1작은술,
참기름 1큰술, 멸치다시마국물 2컵

1 매생이 씻기 매생이는
체에 밭쳐 흐르는 물에
살살 흔들어 씻고 물기를
꼭 짠 뒤 작게 썬다.

3 홍합살 볶기 냄비에 참
기름을 두르고 홍합살을
넣어 볶는다.

2 홍합살 다지기 홍합살
은 흐르는 물에 깨끗이
씻어 물기를 쪽 뺀 뒤 잘
게 다진다.

4 국물 붓고 매생이 넣기
홍합살이 다 익으면 멸치
다시마국물을 붓고 보글
보글 끓이다가 매생이, 국
간장, 다진 마늘을 넣어 5분
정도 더 끓인 뒤 불을 끈다.

● ● ●
홍합살 대신 건어물 코너에서 파는 말린 홍합을 넣어도 좋아요. 말린 홍합은 물에 한 번 씻
은 뒤 충분히 불려서 사용하세요.

새우완자탕

새우와 각종 채소를 곱게 다져서 동글동글 완자를 만들어 끓인 국물요리예요.
보기보다 너무 간단해서 놀랄지도 몰라요. 새우완자탕에 국수를 말아 먹어도 맛있답니다.

영양구성

칼로리 164.67kcal
단백질 22.44g
지방 3.83g
탄수화물 9.47g
칼슘 137.7mg
비타민A 163.63㎍
비타민C 6.52mg

 **2인분** 냉동 새우살 1/2컵(150g), 달걀 1개, 다진 양파 3큰술, 다진 파 1/2큰술, 다진 부추 1작은술, 녹말가루 2작은술, 국간장 조금, 청주 1작은술, 소금·후춧가루 조금씩, 멸치다시마국물 4컵

1 새우 다지기 새우살을 흐르는 물에 씻어 종이타월로 물기를 없앤 다음 곱게 다진다.

2 완자 반죽하기 곱게 다진 새우에 달걀을 풀어 1/3만 넣고, 다진 양파와 부추, 녹말가루, 청주, 소금, 후춧가루를 넣어 골고루 반죽한다.

3 완자 익히기 멸치다시마국물을 끓이다가 가장자리가 끓어오르면 완자 반죽을 숟가락으로 떠 넣어 익힌다.

4 달걀물 두르기 완자가 다 익으면 남은 달걀을 두르고 30초 정도 더 끓인 뒤 다진 파와 국간장을 넣어 간한다.

• • •

냉동 새우살은 해동해서 청주 탄 물에 한 번 씻은 뒤 사용하면 혹시 모를 비린내를 막을 수 있어요.

갈치 호박국

구수한 갈치 호박국은 제주도 전통음식이에요. 갈치는 두뇌발달과 혈액순환에 좋답니다.
보통은 늙은 호박을 넣어 끓이지만 아이가 먹기 좋게 단호박을 넣었어요.

영양구성

칼로리 129.3kcal
단백질 14.01g
지방 5.55g
탄수화물 5.71g
칼슘 28.64mg
비타민A 103.16μg
비타민C 8.29mg

 **2인분** 갈치 2토막(3~4cm), 양파 1/2개, 단호박 1/6개, 청주 1큰술, 다진 마늘 1/2작은술, 소금 조금, 멸치다시마국물 3컵

1 갈치 손질하기 칼등으로 갈치 표면의 은색 가루를 긁어낸 다음 청주를 뿌려둔다.

2 양파·단호박 손질하기 단호박은 껍질과 씨를 제거한 뒤 한 입 크기로 작게 썬다. 양파도 껍질을 벗겨 같은 크기로 썬다.

3 단호박 넣어 끓이기 냄비에 멸치다시마국물과 손질한 단호박을 넣어 끓인다.

4 갈치 넣어 끓이기 단호박이 거의 다 익으면 준비한 양파와 갈치, 다진 마늘을 넣고 센 불에서 끓인다. 끓어오르면 불을 줄여 소금으로 간을 맞춘 뒤 불에서 내린다.

● ● ●
남은 단호박을 보관할 때는 씨를 깨끗하게 긁어낸 뒤 랩에 싸서 냉장고에 보관하세요.

상추 새웃국

고기를 먹고 나면 늘 냉장고에 상추가 남게 돼요. 그럴 땐 국을 끓여보세요.
상추의 새로운 변신에 놀랄 거예요.

영양구성

칼로리 74.76kcal
단백질 11.41g
지방 1.32g
탄수화물 3.96g
칼슘 101.84mg
비타민A 297.66㎍
비타민C 3.64mg

 **2인분** 상추 20장, 새우(중하) 5마리, 된장 1½큰술, 다진 마늘 1/2작은술, 멸치다시마국물 3컵

1 상추 데치기 상추를 깨끗이 씻어 끓는 물에 30초 정도 데친 다음 바로 찬물에 헹군다.

3 된장 풀고 상추 넣어 끓이기 냄비에 멸치다시마국물을 부어 끓인다. 끓어오르면 된장을 풀고 상추를 넣는다.

2 상추·새우 썰기 데친 상추는 물기를 꼭 짠 뒤 1cm 길이로 썰고, 새우는 머리와 내장, 꼬리를 제거한 뒤 한 입 크기로 썬다.

4 새우 넣기 ③에 새우와 다진 마늘을 넣고 끓인다. 새우가 익으면 불을 끈다.

• • •

새우의 등 마디마디에는 가늘고 검은 줄처럼 보이는 내장이 있어요. 이쑤시개로 살짝 찔러서 꺼내면 잘 빠져나와요.

청국장찌개

몸에 좋은 청국장에 두부와 김치, 고기를 넣고 보글보글 끓인 구수한 찌개예요.
아이들이 안 먹을 것 같지만 의외로 좋아한답니다.

영양구성

칼로리 147.36kcal
단백질 12.13g
지방 9.15g
탄수화물 5.61g
칼슘 110.07mg
비타민A 125.68μg
비타민C 7.48mg

 **2인분** 청국장 200g, 다진 돼지고기 50g, 두부 1/4개, 배추김치 3장, 멸치다시마국물 3컵
돼지고기 밑간 다진 마늘 1/2큰술, 설탕 1/4작은술, 생강즙 1/2작은술, 참기름 1/2작은술

1 재료 준비하기 다진 돼지고기는 밑간하고, 두부는 한 입 크기로 작게 썬다. 김치는 물로 씻어 양념을 없앤 뒤 물기를 꼭 짜서 송송 썬다.

3 국물 부어 끓이기 돼지고기가 익으면 멸치다시마국물을 붓고 센 불에서 한소끔 끓인다.

2 돼지고기·김치 볶기 냄비에 양념한 돼지고기와 송송 썬 김치를 볶는다.

4 청국장 넣기 국물이 팔팔 끓으면 불을 약하게 줄이고 청국장과 두부를 넣어 3~4분 정도 더 끓인다.

● ● ●
아이가 매운맛에 익숙하면 김치를 씻지 말고 넣으세요. 김치 대신 봄동이나 배춧잎을 잘게 썰어 넣어도 좋아요.

닭곰탕

닭다리와 향신 채소를 함께 푹 우려낸 국물요리예요. 맛이 깊고 깔끔해서 어른, 아이 할 것 없이
누구나 좋아한답니다. 온 가족 보양식으로도 좋아요.

영양구성

칼로리 154.71kcal
단백질 14.34g
지방 8.09g
탄수화물 5.92g
칼슘 34.18mg
비타민A 221.52㎍
비타민C 14.28mg

 **2인분** 닭다리(북채) 4~5개, 무 100g, 대파(흰 부분) 1/2뿌리, 대추 2개, 생강 5g, 마늘 6~7개, 다진 마늘 1작은술, 소금 1/2작은술, 후춧가루 조금, 지단채 조금, 송송 썬 대파 조금, 물 6컵

1 닭다리 손질하기 닭다리는 껍질을 벗겨내고 깨끗이 씻는다.

4 국물 끓이기 냄비에 손질한 닭다리, 대추, 생강, 마늘, 대파를 넣고 물을 부어 중간 불에서 25~30분 정도 끓인다.

2 재료 손질하기 대추와 생강은 솔로 문질러가며 흐르는 물에 깨끗이 씻는다. 마늘은 꼭지를 떼고, 대파는 흙이 남지 않도록 뿌리째 깨끗이 씻는다.

5 닭다리살 바르기 국물이 우러나면 닭다리를 건져 살만 발라내 다진 마늘, 소금, 후춧가루로 무친다. 국물은 체에 거른다.

3 무 썰기 무는 껍질을 벗겨 가로세로로 2.5cm 크기로 얇게 나박썰기 한다.

6 닭곰탕 끓이기 냄비에 걸러낸 국물과 무를 넣어 끓인다. 무가 익으면 닭다리살을 넣고 센 불에서 한소끔 끓인다. 그릇에 담아 지단채와 송송 썬 대파를 올린다.

• • •
모자란 간은 소금으로 맞추세요. 국물이 끓으며 중간중간 생기는 거품은 깨끗이 걷어내세요.

맛도 영양도 만점, 별미밥

버섯 무밥 2인분

쌀 1컵, 무 150g, 양송이버섯 3개, 간장 1/2큰술, 다진 파 1작은술, 다진 마늘 1/4작은술,
설탕 1/2작은술, 참기름 1/2작은술, 후춧가루 조금, 물 3/4컵
양념장 간장 2큰술, 다진 마늘 1/2작은술, 참기름 1/2큰술, 깨소금 조금

1 쌀 씻어 불리기 쌀을 깨끗이 씻어 30분 동안 체에 밭쳐 물기를 뺀다.

2 무 썰기 무는 껍질을 벗겨 깨끗이 씻은 뒤 가늘게 채 썬다.

3 버섯 썰기 양송이버섯은 기둥을 떼고 얇게 저며 썬다.

4 버섯 양념하기 양송이버섯에 간장, 다진 파, 다진 마늘, 설탕, 참기름, 후춧가루를 넣어 골고루 버무린다.

5 밥 짓기 불린 쌀을 밥솥에 담고 준비한 무와 양송이버섯을 올린 다음 물 3/4컵을 부어 안친다. 밥이 다 되면 그릇에 담아 양념장을 곁들여 낸다.

tip 싱싱한 양송이버섯은 기둥까지 얇게 썰어 넣어도 괜찮아요. 갓이 너무 피지 않고 기둥과 갓 사이가 벌어지지 않은 것이 좋은 버섯이랍니다.

우엉 채소밥 2인분

쌀 1컵, 우엉 1/3뿌리, 당근 1/4개, 새송이버섯 1/2개, 간장 1/2큰술, 맛술 1/2큰술,
설탕 1/2큰술, 참기름 1½큰술, 물 1¼컵, 식용유 적당량

1 쌀 씻어 불리기 쌀을 깨끗이 씻어 30분 동안 체에 밭쳐 물기를 뺀다.

2 채소·버섯 손질하기 우엉은 칼등으로 껍질을 벗긴 뒤 곱게 채 썬다. 당근과 새송이버섯도 물에 씻어 채 썬다.

3 채소·버섯 볶기 달군 팬에 기름을 두르고 우엉과 당근, 버섯을 볶는다.

4 쌀 양념하기 불린 쌀을 밥솥에 담고 물 1¼컵과 간장, 맛술, 설탕을 넣어 섞는다.

5 채소·버섯 넣어 밥 짓기 ④에 볶은 채소와 버섯을 올려 밥을 짓는다. 밥이 다 되면 참기름을 넣고 비벼 그릇에 담는다.

tip 우엉은 줄기가 가늘고 곧은 것이 연하답니다. 너무 두껍거나 갈라진 것은 피하세요.

아이가 매일 먹는 밥에도 영양을 듬뿍 담아 주고 싶은 게 엄마의 마음이죠.
아직 소화기관이 약한 아이에게 잡곡은 부담스러울 수 있으니 다른 재료를 활용해보세요.
영양사 엄마가 추천하는 영양 만점 아이 밥을 소개합니다.

조갯살 톳밥 2인분

쌀 1컵, 톳 1/3컵(30g), 조갯살 1/4컵, 표고버섯 1개, 청주 1큰술, 물 1컵
양념장 송송 썬 부추 1큰술, 맛간장 2큰술, 식초 1/2큰술, 참기름 1큰술

1 **쌀 씻어 불리기** 쌀을 깨끗이 씻어 30분 동안 체에 밭쳐 물기를 뺀다.
2 **톳 손질하기** 톳을 흐르는 물에 여러 번 씻은 다음 찬물에 3시간 정도 담가 짠맛을 뺀다.
3 **조갯살·버섯 손질하기** 조갯살은 흐르는 물에 깨끗이 씻어 물기를 빼고, 표고버섯은 얇게
   저며 썬다.
4 **밥 짓기** 불린 쌀을 밥솥에 담고 준비한 톳과 조갯살, 청주, 물을 넣어 밥을 짓는다.
5 **양념장 곁들이기** 밥이 다 되면 그릇에 담고 양념장을 만들어 곁들인다.

> tip 톳은 염장된 상태로 나오기 때문에 꼭 짠맛을 뺀 뒤에 조리하세요. 되도록 잘게 썰어
> 야 아이들이 먹기 편해요.

영양 약식 2인분

찹쌀 1컵, 깐 밤 4개, 대추 3개, 잣 1큰술, 꿀 1/2큰술
약식 양념 간장 1큰술, 흑설탕 1½큰술, 참기름 1/2큰술, 계핏가루 조금, 물 1컵

1 **찹쌀 불리기** 찹쌀을 깨끗이 씻어 물에 30분 동안 불린 뒤 체에 밭쳐 물기를 뺀다.
2 **재료 썰기** 밤은 크기에 따라 4~6등분으로 썰고, 대추는 돌려 깎아 씨를 빼고 잘게 다진다.
   잣은 종이타월로 문질러 닦고 끝부분의 검은색 고깔을 뗀다.
3 **재료 담기** 불린 찹쌀을 밥솥에 담고 손질한 밤과 대추를 넣어 뒤섞는다.
4 **약식 안치기** 약식 양념을 한데 섞어 ③에 붓고 밥을 짓는다. 밥이 다 되면 2~3분 정도 뜸
   을 들인 뒤 잣과 꿀을 넣어 섞는다.

> tip 잣은 고깔을 떼지 않으면 맛이 텁텁해요. 꼭 고깔을 떼고 사용하세요.

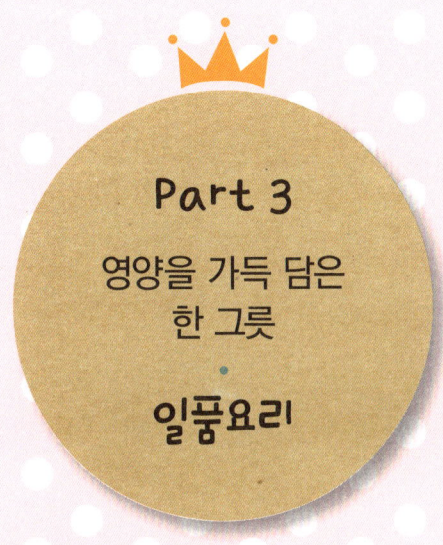

Part 3
영양을 가득 담은
한 그릇
·
일품요리

아이들은 종종 귀찮다는 이유로 무턱대고 밥을 안 먹으려고 해요.

엄마도 억지로 먹이기가 쉽지 않지요. 이럴 때는 먹기 편하고 준비하기도 쉬운 일품요리가 딱이에요.

반찬이나 국, 찌개 없이 한 그릇에 완벽한 영양을 담아 주세요.

연근 볶음밥

비타민 C가 풍부하고 식이섬유가 많아 장에 좋은 연근을 잘게 다져서 밥과 함께 볶았어요.
연근 특유의 아삭한 질감이 입을 즐겁게 해주는 영양 만점 볶음밥이에요.

영양구성

칼로리 322.58kcal
단백질 13.04g
지방 12.45g
탄수화물 38.85g
칼슘 41.43mg
비타민A 198.27μg
비타민C 27.56mg

2인분 밥 1공기, 연근 1토막(5cm) , 다진 쇠고기 100g, 새송이버섯 1개,
피망 1/2개, 양파 1/3개, 소금 조금, 식용유 2큰술
쇠고기 양념 간장 2작은술, 조청 1/2작은술, 설탕 1작은술,
다진 마늘 1/2작은술, 후춧가루·참기름 조금씩
식초물 식초 2~3방울, 물 2큰술

1 연근 손질하기 연근은
껍질을 벗겨 깨끗이 씻고
잘게 다져서 식초물에 담
가둔다.

4 채소 볶기 달군 팬에
기름을 두르고 연근, 양
파, 피망, 새송이버섯 순
으로 넣어 볶는다. 이때
소금을 조금 뿌려 간한다.

2 채소·버섯 다지기 양
파와 피망, 새송이버섯을
연근과 같은 크기로 잘게
다진다.

5 쇠고기 넣어 볶기 ④에
양념한 쇠고기를 넣고 주
걱을 세워 으깬다는 느낌
으로 고기가 덩어리지지
않게 잘라가며 볶는다.

3 쇠고기 양념하기 쇠고
기를 종이타월로 눌러 핏
물을 뺀 다음 쇠고기 양
념에 버무려 재둔다.

6 밥 넣어 볶기 고기가
다 익으면 밥을 넣어 골고
루 섞는다. 모자란 간은
소금으로 한다.

• • •
밥을 볶을 때는 밥알을 으깨지 말고 주걱을 세워 골고루 섞어가며 볶으세요.

대파 볶음밥

대파를 볶으면 양파처럼 달달한 맛이 나요. 아이가 감기에 걸렸을 때
대파를 듬뿍 넣어 볶음밥을 만들어 주세요. 감기 증상을 완화시켜준답니다.

영양구성

칼로리 297.2kcal
단백질 12.34g
지방 10.04g
탄수화물 36.57g
칼슘 100.3mg
비타민A 732.1㎍
비타민C 5.05mg

 **2인분**　밥 1공기, 대파 1/2뿌리, 칵테일 새우 1/2컵, 달걀 2개, 두부 1/4모, 깻잎 2장, 굴소스 2/3작은술, 소금 1/3작은술, 참기름 2큰술, 식용유 1큰술

1 대파·깻잎 썰기　대파는 잘게 다지고, 깻잎은 꼭지를 떼어 가늘게 채 썬다.

4 스크램블드에그 만들기　달군 팬에 기름을 두르고 달걀을 풀어 넣은 뒤 젓가락으로 휘저어가며 익힌다.

2 두부 으깨기　두부는 칼 옆면으로 곱게 으깬 뒤 면포에 싸서 물기를 꼭 짠다.

5 대파·두부 볶기　달군 팬에 참기름을 두르고 대파를 볶는다. 대파가 익으면 으깬 두부와 소금을 넣어 볶는다.

3 새우 데치기　냄비에 물 3컵과 소금 1/2작은술을 넣고 끓인다. 끓어오르면 칵테일 새우를 넣어 30초 정도 데친 다음 찬물에 헹군 뒤 물기를 뺀다.

6 밥 넣어 볶기　두부가 익으면 밥과 새우, 스크램블드에그, 굴소스를 넣고 골고루 섞어가며 볶는다. 마지막에 채 썬 깻잎을 넣고 불을 끈다.

● ● ●

대파를 기름에 달달 볶으면 달콤한 맛은 우러나고 매운맛은 사라져 달큰한 볶음밥을 만들 수 있어요.

단호박 비빔밥

달콤한 단호박을 다진 쇠고기와 함께 볶아 밥에 올려 비볐어요.
밥을 함께 볶지 않아 기름기가 적어 재료의 맛이 더 살아나고 입안도 깔끔해요.

영양구성

칼로리 320.71kcal
단백질 10.7g
지방 14.16g
탄수화물 37.33g
칼슘 23.88mg
비타민A 78.55㎍
비타민C 4.3mg

 **2인분** 밥 1½공기, 단호박 1/8개, 다진 쇠고기 100g, 청주 1큰술, 후춧가루 조금,
버터 1큰술, 식용유 1/2큰술, 송송 썬 쪽파 조금

1 단호박 손질하기 단호박은 껍질과 씨를 제거하고 가로세로 1cm 크기로 네모지게 썬다.

3 단호박·쇠고기 볶기
달군 팬에 버터와 식용유를 두르고 버터가 녹으면 단호박을 볶는다. 단호박이 어느 정도 익으면 쇠고기를 넣어 함께 볶는다.

2 쇠고기 밑간하기 다진 쇠고기는 종이타월로 눌러 핏물을 빼고 청주와 후춧가루를 뿌려둔다.

4 밥 비비기 따뜻한 밥에 ③과 쪽파를 넣어 골고루 비빈다.

● ● ●
단호박은 단단하고 커서 과일 깎듯이 통째로 껍질을 깎으면 손을 다칠 수 있으니 조심해야 해요. 잘 드는 칼로 반 갈라 씨를 말끔히 긁어낸 뒤 도마 위에 엎어 놓고 골을 따라 껍질을 자르세요.

연어 비빔밥

연어를 구워 밥과 비벼 먹는 특색 있는 비빔밥이에요.
탄수화물, 단백질, 지방 등 모든 영양소가 골고루 들어가 아이 건강에도 좋답니다.

영양구성

칼로리 260.39kcal
단백질 22.83g
지방 11.36g
탄수화물 15.19g
칼슘 47.64mg
비타민A 292.9μg
비타민C 5.35mg

2인분

밥 1공기, 연어 100g, 달걀 2개, 양송이버섯 2개, 오이 1/2개, 양파 1/4개,
간장 1큰술, 청주 1큰술, 맛술 1/2큰술, 설탕 1/2큰술, 소금 1/3작은술,
후춧가루 조금, 식용유 적당량
양념장 간장 2큰술, 맛술 4큰술, 참기름 1큰술, 통깨 1/2큰술

1 연어 손질하기 연어는 껍질과 뼈를 제거하고 한 입 크기로 썰어 청주와 후춧가루를 뿌려 10분 정도 둔다.

4 스크램블드에그 만들기 달군 팬에 기름을 두르고 달걀을 풀어 넣은 뒤 젓가락으로 휘저어가며 익힌다.

2 오이 절이기 오이는 길게 반 갈라 숟가락으로 씨를 모두 긁어내고 얇게 반달 모양으로 썬 뒤 소금 1/3작은술을 뿌려 10분 정도 절인다. 절인 오이는 손으로 물기를 꼭 짠다.

5 연어 굽기 마른 팬에 밑간한 연어를 올려 앞뒤로 노릇하게 굽는다.

3 양파·버섯 볶기 양송이버섯은 얇게 썰고 양파는 채 썬다. 간장, 설탕, 맛술로 양념해 기름 두른 팬에 함께 볶는다.

6 그릇에 담기 그릇에 밥을 담고 준비한 재료들을 가지런히 올린다. 양념장을 만들어 곁들인다.

● ● ●
연어는 DHA가 풍부해 성장기 아이들의 두뇌를 활성화시키고 눈을 보호하는 슈퍼푸드예요. 만약 연어 알레르기가 있는 아이라면 대구나 동태 등 흰 살 생선을 넣어 만드세요.

불고기 무 덮밥

달착지근하게 볶은 불고기는 어른, 아이 누구나 좋아하는 한국 대표 요리지요.
무를 둥글게 깎아 넣고 국물을 자작하게 만들면 촉촉해서 먹기 좋아요.

영양구성

칼로리 378.94kcal
단백질 15.07g
지방 9.38g
탄수화물 58.19g
칼슘 53.79mg
비타민A 114.2㎍
비타민C 34.04mg

 **2인분**

밥 1공기, 쇠고기(불고기용) 100g, 무 1토막(200g), 송송 썬 쪽파 조금
국물 다시마 1장(5×5cm), 맛간장 1½큰술, 꿀 1/2작은술, 설탕 1큰술,
다진 마늘 1/2작은술, 소금 1/2작은술, 물 3컵

1 쇠고기 썰기 쇠고기는 종이타월로 눌러 핏물을 뺀 뒤 먹기 좋은 크기로 썬다.

4 국물 간하기 무가 다 익으면 다시마와 함께 건져내고 무만 따로 둔다. 국물에 맛간장, 다진 마늘, 설탕, 꿀을 넣어 중간 불에서 끓인다.

2 무 썰기 무는 껍질을 벗겨 밤톨 크기로 썬다.

5 쇠고기 넣어 끓이기 국물이 끓어오르면 쇠고기를 넣는다.

3 국물 끓이기 냄비에 무를 담고 물과 다시마, 소금을 넣어 무가 익을 때까지 센 불에서 끓인다.

6 무 넣어 끓이기 쇠고기가 익으면 따로 둔 무를 넣어 3~4분 정도 더 끓인 뒤 쪽파를 넣는다. 그릇에 밥을 담고 그 위에 국물을 끼얹는다.

● ● ●

국물을 자작하게 해서 볶아야 촉촉하고 더 맛있어요.

쇠고기 달걀 덮밥

다시마국물에 쇠고기와 달걀, 갖은 채소를 넣고 자작하게 끓여 따뜻한 밥에 부어 먹는 일본식 덮밥이에요. 채소를 듬뿍 넣어 별다른 반찬 없이도 한끼 식사로 충분해요.

영양구성

칼로리 342.35kcal
단백질 16.57g
지방 10.1g
탄수화물 45.02g
칼슘 51.28mg
비타민A 720.44㎍
비타민C 21.64mg

2인분

밥 1공기, 쇠고기(홍두깨살) 50g, 달걀 1개, 청·노랑피망 1/4개씩, 당근 1/6개,
팽이버섯 1/6봉지(25g), 간장 1큰술, 청주 1큰술, 설탕 1작은술, 다시마국물 1/2컵
쇠고기 양념 간장 1/2작은술, 설탕 1/4작은술, 다진 마늘 1/2작은술,
소금·후춧가루 조금씩

1 쇠고기 양념하기 쇠고
기를 가로세로 0.5cm 크
기로 썰어 쇠고기 양념으
로 골고루 버무려 잰다.

4 채소 넣어 끓이기 쇠고
기가 거의 익으면 다진 피
망과 당근을 넣고 보글보
글 끓인다.

2 채소·버섯 다지기 피
망, 당근, 팽이버섯을 쇠
고기보다 잘게 다진다.

5 달걀 풀기 ④에 달걀을
풀어 넣고 저은 뒤 다진
팽이버섯을 넣어 끓인다.
그릇에 밥을 담고 그 위에
끼얹는다.

3 쇠고기 끓이기 다시마
국물에 간장, 청주, 설탕
을 넣고 끓인다. 끓어오르
면 양념한 쇠고기를 넣고
서로 붙지 않도록 젓가락
으로 떼어가며 끓인다.

● ● ●
덮밥에 사용하는 쇠고기는 불고기 부위도 좋아요. 아이가 잘 먹지 않는 채소가 있다면 함
께 넣어서 만들어 주세요.

마파두부 덮밥

마파두부는 두반장 소스와 매콤한 고추기름을 넣어 얼큰하게 만들지만,
아이를 위해 맵지 않고 맛있는 마파두부를 만들어 밥 위에 올렸어요.

영양구성

칼로리 343.5kcal
단백질 16.28g
지방 11.65g
탄수화물 42.16g
칼슘 101.2mg
비타민A 290.77㎍
비타민C 22.87mg

 **2인분** 밥 1공기, 두부 1/2모, 다진 돼지고기 100g, 양파 1개, 피망 1개,
부추 10줄기, 참기름 1½큰술, 식용유 2큰술
마파두부 양념 굴소스 1큰술, 간장 1/2큰술, 청주 1큰술, 조청 1큰술,
다진 마늘 1큰술, 다진 생강 1/2작은술, 물 1컵
녹말물 녹말가루 1/2큰술, 물 1/2큰술

1 채소 다지기 양파와 피망, 부추, 대파는 깨끗이 씻어 잘게 다진다.

4 재료 볶기 달군 팬에 기름을 두르고 다진 양파, 피망, 돼지고기 순으로 넣어 볶는다.

2 두부 썰기 두부는 가로 세로 1cm 정도로 네모지게 썬다.

5 양념하기 돼지고기가 익으면 마파두부 양념을 모두 넣어 끓인다.

3 두부 데치기 끓는 물에 두부를 살짝 데친 뒤 체에 받쳐 물기를 뺀다.

6 두부 넣어 끓이기 ⑤가 끓어오르면 두부를 넣어 한소끔 끓인 다음 녹말물을 넣는다. 부추와 참기름을 넣어 섞은 뒤 밥 위에 얹는다.

● ● ●
마파두부를 만들 때 두부를 살짝 데쳐서 넣으면 질감이 부드러워져서 더 맛있어요.

돈가스 덮밥

밥 위에 돈가스를 올리고 국물을 자작하게 끼얹어 먹는 일본식 덮밥이에요.
달걀을 풀어 넣은 부드러운 국물과 촉촉한 돈가스의 조화가 일품이랍니다.

영양구성

칼로리 503.92kcal
단백질 23.06g
지방 25.47g
탄수화물 56.83g
칼슘 92.35mg
비타민A 103.1μg
비타민C 12.2mg

 **2인분** 밥 1공기, 돈가스 1장, 달걀 1개, 양파 1/4개, 송송 썬 쪽파 조금
국물 멸치다시마국물 1컵, 간장 1큰술, 맛술 1큰술, 조청 1작은술

1 돈가스 튀기기 돈가스를 기름에 바삭하게 튀겨 먹기 좋게 썬다.

4 돈가스 넣어 끓이기 국물이 끓어오르면 돈가스를 넣어 끓인다.

2 국물 끓이기 냄비에 멸치다시마국물과 간장, 맛술, 조청을 넣어 끓인다.

5 달걀 풀어 넣기 달걀을 풀어 ④에 끼얹고 30초 정도 더 끓인다. 따뜻한 밥 위에 붓고 쪽파를 뿌린다.

3 양파 넣어 끓이기 양파를 가늘게 채 썰어 국물에 넣고 중간 불에서 끓인다.

● ● ●
달걀은 완전히 익히는 것보다 살짝 익히는 것이 더 부드럽고 맛있어요.

해물 하이라이스

새우와 오징어를 넣어 맛을 낸 해물 하이라이스. 부드러운 소스를 밥 위에 끼얹어 주면
아이가 참 잘 먹는답니다. 다양한 해물을 활용해 맛과 영양을 더해보세요.

영양구성

칼로리 356.95kcal
단백질 12.24g
지방 12.13g
탄수화물 47.66g
칼슘 28.38mg
비타민A 229.15μg
비타민C 20.35mg

2인분

밥 1½공기, 새우(중하) 7마리, 오징어(몸통) 1/2마리, 양송이버섯 3개, 양파 1/2개, 청·홍피망 1/2개씩, 하이라이스가루 1/2컵, 생크림 2큰술, 버터 1큰술, 물 1½컵

1 새우·오징어 손질하기
새우는 머리와 껍데기, 내장을 제거하고 씻는다. 오징어는 껍질을 벗기고 내장을 뺀 다음 한 입 크기로 네모지게 썬다.

4 하이라이스 끓이기 채소의 숨이 죽으면 하이라이스가루를 물 1½컵에 풀어 넣고 중간 불로 끓인다.

2 버섯·채소 썰기 양송이버섯은 기둥을 떼고 얇게 썬다. 양파와 피망은 한 입 크기로 네모지게 썬다.

5 새우·오징어 넣기 하이라이스의 농도가 어느 정도 걸쭉해지면 오징어와 새우를 넣고 한소끔 끓인다.

3 버섯·채소 볶기 달군 팬에 버터를 녹이고 준비한 버섯과 양파, 피망을 넣어 볶는다.

6 생크림 넣기 끓어오르면 생크림을 넣어 부드러운 맛을 더한다. 따뜻한 밥 위에 끼얹는다.

● ● ●
여러 가지 해산물을 함께 포장해 판매하는 제품을 이용하면 편해요.

토마토 치킨카레

강황, 울금 등 12가지 이상의 향신료가 들어 있어 건강에 좋다는 카레.
쇠고기와 감자 대신 닭고기와 토마토를 넣어 색다르게 만들어보세요.

영양구성

칼로리 333.3kcal
단백질 15.13g
지방 13.5g
탄수화물 36.74g
칼슘 72.73mg
비타민A 458.2㎍
비타민C 6.4mg

 **2인분** 밥 1공기, 닭다리살 100g, 토마토 1개, 카레가루 1/2컵(50g), 다진 양파 1/2개분, 다진 마늘 1/2큰술, 소금·후춧가루 조금씩, 식용유 적당량, 물 2컵

1 토마토 껍질 벗기기 토마토는 아랫부분에 열십자로 칼집을 내고 끓는 물에 30초 정도 데쳐 껍질을 벗긴다.

2 토마토 썰기 껍질 벗긴 토마토를 반 갈라 씨를 모두 빼고 한입 크기로 썬다.

3 닭다리살 굽기 닭다리살에 소금과 후춧가루를 뿌려 10분 정도 잰 뒤, 기름 두른 팬에 겉이 노릇하게 익을 정도로만 구워 한입 크기로 썬다.

4 양파 볶기 냄비에 기름을 두르고 다진 양파를 넣어 투명해질 때까지 볶는다.

5 카레 넣어 끓이기 양파가 익으면 물, 카레가루, 다진 마늘, 구운 닭다리살을 넣고 보글보글 끓인다.

6 토마토 넣어 끓이기 카레가 걸쭉해지면 토마토를 넣어 한소끔 끓인 뒤 밥 위에 얹는다.

● ● ●
카레라이스 대신 카레볶음밥을 해도 좋아요. 채소를 잘게 썰어 밥과 함께 볶다가 카레가루를 솔솔 뿌려서 조금 더 볶으면 카레볶음밥 완성이랍니다.

검은깨 리소토

아이가 우유를 안 먹어 걱정이라면 우유로 만드는 리소토를 준비해보세요.
부드럽고 고소해서 아이가 잘 먹어요.

영양구성

칼로리 343.5kcal
단백질 13.56g
지방 18.76g
탄수화물 29.69g
칼슘 230.7mg
비타민A 77.4㎍
비타민C 12.8mg

2인분 밥 1공기, 베이컨 3장, 양파 1/2개, 생크림 1컵, 우유 1/2컵,
검은깨 2큰술, 파르메산치즈가루 1/2큰술, 소금·후춧가루 조금씩

1 베이컨·양파 썰기 베이컨은 1cm 길이로 썰고, 양파는 잘게 다진다.

3 생크림·우유 넣어 끓이기 ②에 생크림과 우유를 붓고 중간 불에서 걸쭉해지도록 끓인다.

2 재료 볶기 달군 팬에 베이컨과 양파를 넣고 양파가 투명해질 때까지 볶은 다음 밥을 넣어 섞는다.

4 검은깨 넣기 국물이 자작하게 졸아들면 검은깨를 곱게 갈아 넣고 파르메산치즈가루와 소금, 후춧가루를 넣어 간을 맞춘다.

● ● ●
대표적인 블랙푸드인 검은깨는 두뇌기능을 활성화시켜 기억력을 향상시켜줘요. 너무 많이
먹으면 설사를 할 수 있어서 먹는 양을 조절하는 게 좋아요.

새우 도리아

도리아는 채소와 밥을 볶은 뒤 치즈를 올려 오븐에 구운 음식이에요.
쭉쭉 늘어나는 치즈에 아이들이 재미있어 한답니다.

 **2인분**

밥 1½공기, 칵테일 새우 1/2컵, 토마토 1/2개, 양파 1/2개,
모차렐라치즈 적당량, 토마토케첩 1작은술, 소금·후춧가루 조금씩, 식용유 2큰술
화이트소스 우유 1컵, 다진 양파 3큰술, 밀가루 1큰술,
버터 1큰술, 소금·후춧가루 조금씩

1 토마토·양파 다지기
토마토는 씨를 빼고 잘게
다진다. 양파도 같은 크기
로 다진다.

4 밥 볶기 달군 팬에 기
름을 두르고 ①의 토마토
와 양파를 넣어 볶는다.
양파가 익으면 밥과 토마
토케첩, 소금, 후춧가루를
넣고 골고루 섞어가며 볶
는다.

2 새우·양파 볶기 달군
팬에 버터를 녹여 다진 양
파 3큰술을 넣고 볶다가
칵테일 새우를 넣는다.

5 오븐에 굽기 오븐용 그
릇에 밥을 담고 ③의 소
스를 끼얹은 뒤 모차렐
라치즈를 듬뿍 뿌린다.
180℃로 예열한 오븐에 10분
정도 굽는다.

3 화이트소스 만들기 새
우가 익기 시작하면 우유
와 밀가루, 소금, 후춧가
루를 넣어 되직해지도록
끓인다.

● ● ●
토마토는 씨를 빼고 과육만 쓰세요. 씨가 들어가면 신맛이 강해지고 지저분해 보인답니다.

굴림만두 떡국

만들기 쉬운 굴림만두는 그냥 먹어도 좋지만 떡국에 넣어 먹으면 더 맛있어요.
이번에는 굴림만두와 조랭이떡을 넣은 조금 특별한 떡국을 만들어보세요.

영양구성

칼로리 460.06kcal
단백질 27.45g
지방 18.04g
탄수화물 43.16g
칼슘 32.2mg
비타민A 712.14㎍
비타민C 4.67mg

 **2인분**

닭가슴살 1쪽, 조랭이떡 2/3컵, 달걀 1개, 다진 애호박 2큰술,
다진 당근 1큰술, 다진 양파 1큰술, 녹말가루 2큰술, 소금 1/2작은술,
생강즙 1작은술, 밀가루 2큰술, 송송 썬 쪽파 조금
국물 멸치다시마국물 3컵, 국간장 1작은술, 다진 마늘 1작은술

1 닭가슴살 다지기 닭가슴살을 푸드 프로세서나 칼로 곱게 다진다.

2 만두 반죽하기 다진 닭가슴살에 다진 양파, 다진 애호박, 다진 당근, 녹말가루, 소금, 생강즙을 넣어 골고루 섞어가며 충분히 치댄다.

3 만두 빚기 반죽을 조금씩 떼어 타원형으로 빚는다. 냉장고에 5분 정도 넣어둔다.

4 달걀물·밀가루 입히기 달걀을 풀어 만두에 입힌 다음 밀가루를 입힌다. 다시 냉장고에 넣어 5분 정도 굳힌다.

5 떡국 끓이기 냄비에 국물 재료를 모두 넣고 끓인다. 국물이 끓어오르면 조랭이떡을 넣는다.

6 만두 넣어 끓이기 조랭이떡이 익기 시작하면 준비한 만두를 넣어 끓인다. 모자란 간은 소금으로 맞추고 마지막에 쪽파를 뿌린다.

● ● ●
냉동해두었던 조랭이떡을 그대로 끓이면 부스러지거나 푹 퍼질 수 있어요. 찬물에 10분 정도 불려서 사용하세요.

사골 칼국수

사골국물에 끓이고 볶은 쇠고기를 고명으로 올린 진하고 영양 많은 칼국수예요.
국물에 밥을 말아 줘도 잘 먹는답니다.

영양구성

칼로리 224.35kcal
단백질 17.51g
지방 16.29g
탄수화물 23.4g
칼슘 52.13mg
비타민A 204.48μg
비타민C 12.89mg

 **2인분** 칼국수(생면) 1인분, 다진 쇠고기 100g, 애호박 1/6개, 양파 1/4개, 사골국물 3컵
쇠고기 양념 맛간장 2/3큰술, 청주 2큰술, 다진 마늘 1/2큰술, 후춧가루 조금

1 애호박·양파 썰기 애호박과 양파는 0.5cm 두께로 채 썬다.

2 쇠고기 양념하기 쇠고기는 종이타월로 눌러 핏물을 빼고 맛간장, 다진 마늘, 청주, 후춧가루를 넣어 양념한다.

3 쇠고기 볶기 달군 팬에 양념한 쇠고기를 넣어 볶는다.

4 국물 끓이기 냄비에 사골국물을 붓고 애호박과 양파를 넣어 끓인다.

5 칼국수 넣어 끓이기 국물이 끓으면 칼국수를 넣어 끓인다. 그릇에 담고 볶은 쇠고기를 올린다.

• • •

칼국수 면을 조금 줄이고 밥을 준비해 함께 먹여도 좋아요.

감자수제비

멸치다시마국물에 말랑말랑한 수제비와 부드러운 감자가 어우러진 별미 음식이에요.
반죽에 감자를 갈아 넣어 쉽게 붇지 않고 쫄깃한 맛이 일품이랍니다.

영양구성

칼로리	182.58kcal
단백질	8.35g
지방	1.45g
탄수화물	36.47g
칼슘	71.25mg
비타민A	57.39㎍
비타민C	11.54mg

 **2인분** 밀가루 2/3컵, 감자 1개, 양파 1/4개, 애호박 1/5개, 다진 파프리카 1큰술, 국간장 1/2작은술, 소금 조금, 멸치다시마국물 4컵, 물 2컵

1 반죽하기 감자 반 개를 곱게 갈아서 밀가루에 넣고 물 2컵을 부어 골고루 섞은 다음, 반죽이 묻어나지 않을 때까지 손으로 치댄다.

4 국물 끓이기 냄비에 멸치다시마국물을 붓고 감자, 애호박, 양파를 넣어 끓인다.

2 반죽 숙성시키기 반죽을 비닐이나 랩으로 감싸 냉장고에 30분 정도 넣어둔다.

5 반죽 떼어 넣기 감자와 애호박이 익으면 반죽을 손으로 조금씩 떼어 얇게 펴 넣는다. 국간장과 소금으로 간을 맞추고 다진 파프리카를 넣는다..

3 채소 썰기 남은 감자와 애호박은 은행잎 모양으로 얇게 썰고, 양파는 채 썬다.

● ● ●

반죽을 냉장고에 넣어 숙성시키면 수제비가 더 쫄깃하고 탱탱해져요.

비빔국수

고추장양념 비빔국수는 아이들이 먹기에 너무 매우니 간장양념으로 만들어 주세요.
일반 간장비빔국수와 비슷해 보이지만, 아이들 입맛에 맞춘 색다른 비빔국수랍니다.

영양구성

칼로리 274.67kcal
단백질 12.05g
지방 21.52g
탄수화물 40.27g
칼슘 38.76mg
비타민A 479.29㎍
비타민C 8.84mg

 **2인분** 소면 1줌(100g), 쇠고기(등심) 50g, 방울토마토 5개, 새싹채소 1줌,
소금·후춧가루 조금씩

비빔 양념 간장 4큰술, 올리고당 1½큰술, 설탕 1/2큰술,
식초 1/2큰술, 양파즙 1큰술, 다진 마늘 1/2큰술, 통깨 1큰술, 올리브오일 3큰술

1 쇠고기 볶기 쇠고기는
소금, 후춧가루를 살짝 뿌
려 5분 정도 잰 뒤, 1cm
굵기로 채 썰어 달군 팬에
볶는다.

3 채소 준비하기 방울토
마토는 반으로 썰고, 새
싹채소는 깨끗이 씻어 물
기를 뺀다.

2 소면 삶기 소면을 끓는
물에 삶아 찬물에 헹군
뒤 체에 밭쳐 물기를 뺀다.

4 양념에 버무리기 삶은
국수와 볶은 고기, 방울
토마토, 새싹채소를 한데
담고 비빔 양념을 넣어 골
고루 버무린다.

• • •

비빔 양념은 한 번에 다 넣지 말고 간을 보면서 양을 조절하는 것이 좋아요.

차돌박이 볶음우동

우동만 먹으면 금세 허기질 수 있어 고기를 더했어요.
부드러운 차돌박이가 갖은 채소, 소스와 잘 어울려 맛과 영양이 모두 좋아졌답니다.

영양구성

칼로리 324.06kcal
단백질 17.05g
지방 16.18g
탄수화물 38.98g
칼슘 27.16mg
비타민A 335.8㎍
비타민C 52.1mg

2인분

우동 2인분, 차돌박이 100g, 시금치 2포기, 파프리카 1/2개,
양파 1/4개, 당근 1/5개, 소금 조금, 식용유 2큰술
차돌박이 양념 맛간장 1/2작은술, 다진 마늘 1/2작은술, 청주 1/2큰술, 소금·후춧가루 조금씩
우동 양념 맛간장 1/2작은술, 올리고당 1/2작은술, 참기름 조금

1 채소 손질하기 시금치는 뿌리를 자른 뒤 3~4cm 길이로 썰고, 양파, 당근, 파프리카는 채 썬다.

4 우동 볶기 팬에 기름을 두르고 삶은 우동과 우동 양념을 넣어 센 불에서 재빨리 볶는다.

2 차돌박이 양념하기 차돌박이는 먹기 좋게 썰어 양념을 넣고 조물조물 무친다.

5 재료 볶기 팬에 기름을 두르고 당근과 파프리카, 양파, 차돌박이 순으로 넣어 볶는다.

3 우동 삶기 끓는 물에 우동을 넣어 1분 정도 삶아 건진 다음 체에 밭쳐 물기를 뺀다.

6 우동·시금치 넣기 재료가 익으면 우동과 시금치를 넣고 소금으로 간을 맞춘다.

• • •
우동은 양념해서 살짝 볶아낸 다음 다른 재료들과 함께 볶으면 들러붙지 않고 쫄깃한 맛을 살릴 수 있어요.

된장짜장면

건강식품 된장을 활용해 몸에 좋은 짜장면을 만들어보세요.
중국음식점에서 파는 짜장면과 똑같은 맛은 아니지만 안심하고 먹일 수 있고 맛도 좋아요.

영양구성

칼로리 343.35kcal
단백질 12.45g
지방 10.23g
탄수화물 50.21g
칼슘 41.12mg
비타민A 555.4µg
비타민C 26.05mg

 **2인분** 삶은 생면 1인분, 다진 돼지고기 50g, 단호박 1/6개, 새송이버섯 1개, 양파 1/2개, 피망 1/2개, 참기름 1큰술, 다시마국물 1½컵, 식용유 적당량
된장양념 된장 1½큰술, 다진 파 1큰술, 다진 마늘 1/2큰술, 설탕 1작은술
녹말물 녹말가루 1큰술, 물 1큰술

1 버섯·채소 썰기 새송이버섯과 양파, 피망을 가로세로 1cm 크기로 네모지게 썬다. 단호박은 속을 긁어내고 껍질을 벗겨 같은 크기로 썬다.

3 된장양념 넣기 된장양념을 모두 섞어 ②에 넣고 1분 정도 볶는다.

2 채소 볶기 팬에 기름을 두르고 버섯, 단호박, 양파, 피망, 돼지고기 순으로 넣어 볶는다.

4 국물 부어 끓이기 ③에 다시마국물을 부어 끓인다. 재료가 익으면 녹말물을 넣어 섞은 뒤 마지막에 참기름을 넣는다. 생면 위에 소스를 끼얹는다.

● ● ●

다시마국물은 찬물 1½컵에 가로세로 5cm 크기의 다시마 한 장을 넣어 30분 정도 우려내면 됩니다.

전복 파래죽

아이가 입맛이 없거나 감기에 걸렸을 때 만들어 주세요. 바다의 산삼이라고 불리는 전복과
영양이 가득한 파래를 넣은 죽 한 그릇이면 없던 기운도 펄펄 솟는답니다.

영양구성

칼로리 165.4kcal
단백질 6.75g
지방 7.75g
탄수화물 20.97g
칼슘 45.38mg
비타민A 405.17μg
비타민C 1.95mg

**2인분**

불린 쌀 1/2컵, 전복 2개, 파래 1/6컵, 국간장 조금, 참기름 1/2큰술,
청주 1큰술, 물 3컵

1 전복 손질하기 전복을
솔로 깨끗이 문질러 씻은
뒤 숟가락을 넣어 살을 떼
어낸다. 이때 내장이 터지
지 않도록 주의한다. 전복
의 내장을 떼어내고 이빨
을 잘라낸 뒤 얇게 저민다.

4 불린 쌀 끓이기 냄비에
물을 붓고 센 불로 끓이다
가 팔팔 끓으면 불린 쌀을
넣어 쌀이 푹 퍼질 때까지
10~13분 정도 끓인다.

2 전복 내장 갈기 전복
내장과 청주를 믹서에 넣
고 곱게 갈아 체에 한 번
거른다.

5 재료 넣어 끓이기 쌀이
푹 퍼지면 준비한 전복,
내장, 파래를 넣고 한소끔
끓인다.

3 파래 씻기 파래를 흐르
는 물에 깨끗이 씻어 물기
를 꼭 짠 뒤 작게 썬다.

6 간하기 국간장으로 간
하고 1~2분 정도 더 끓인
다음 불을 끄고 참기름을
넣는다.

● ● ●

전복은 단백질과 비타민이 풍부해 성장기 아이들에게 좋은 식재료랍니다. 전복이 비싸서
부담스러우면 소라살과 반씩 섞어 주세요.

두부 달걀밥

달걀과 두부, 브로콜리를 넣고 전자레인지에 데워 만든 초간단 별미밥.
바쁜 아침이나 아이의 소화기능이 약해졌을 때 먹이면 좋아요.

영양구성

칼로리 184.62kcal
단백질 7.98g
지방 7.4g
탄수화물 20.45g
칼슘 65.1mg
비타민A 51.37㎍
비타민C 0.59mg

 **2인분** 밥 1공기, 두부 1/4모, 달걀 2개, 브로콜리 1/4개, 참기름 1큰술, 소금 1/4작은술, 깨소금 조금

1 두부 으깨기 두부를 칼 옆면으로 곱게 으깨어 체에 한 번 내린다.

3 브로콜리 섞기 브로콜리를 작게 썰어 끓는 물에 데친 뒤 ②에 넣어 섞는다.

2 달걀·밥·두부 섞기 달걀을 풀어 체에 한 번 내린 다음 내열용기에 담고 밥과 으깬 두부, 소금을 넣어 주걱을 세워 자르듯이 섞는다.

4 전자레인지에 데우기 ③을 전자레인지에 넣어 1분 30초~2분 정도 데운 뒤 참기름을 넣어 섞고 깨소금을 뿌린다.

• • •
일반 두부 대신 연두부를 넣어도 좋아요.

애호박 크림수프

소화흡수가 잘 되고 두뇌계발에 좋은 애호박은 주로 반찬으로 많이 먹는 채소지만,
수프를 끓여 빵과 함께 먹으면 간식이나 간단한 한 끼로도 좋아요.

영양구성

칼로리 177.96kcal
단백질 3.73g
지방 12.68g
탄수화물 14.327g
칼슘 93.92mg
비타민A 228.8㎍
비타민C 15.65mg

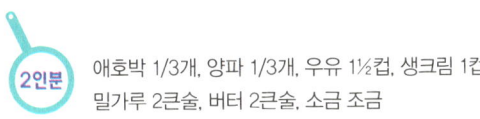

2인분 애호박 1/3개, 양파 1/3개, 우유 1½컵, 생크림 1컵,
밀가루 2큰술, 버터 2큰술, 소금 조금

1 애호박·양파 채 썰기
애호박과 양파를 가늘게
채 썬다.

**4 우유·생크림 부어 끓이
기** ③에 우유와 생크림을
붓고 15분 정도 뭉근하게
끓인다.

2 양파·애호박 볶기 냄
비에 버터를 녹이고 채 썬
양파를 넣어 볶는다. 양파
가 투명해지면 애호박을
넣어 물러질 때까지 충분
히 볶는다.

5 믹서에 갈기 ④를 믹서
에 넣어 곱게 갈고 소금으
로 간한다.

3 밀가루 넣어 볶기 ②에
밀가루를 넣고 약한 불에
서 1분 정도 볶는다.

6 수프 끓이기 ⑤를 다시
냄비에 부어 1분 정도 더
끓인다.

재료를 믹서에 갈아서 수프를 끓이면 공기층이 만들어져 질감이 한결 부드러워져요.

게살 수프

수프만 먹어도 맛있고, 국처럼 밥과 함께 먹어도 좋은 중국식 요리예요.
멸치다시마국물에 게살과 표고버섯을 넣고 담백하게 끓여서 후루룩 가볍게 마시기 좋아요.

영양구성

칼로리 136.4kcal
단백질 20.86g
지방 2.08g
탄수화물 9.85g
칼슘 223.5mg
비타민A 69㎍
비타민C 2.71mg

 **2인분** 게살 50g, 표고버섯 1/3개, 대파(흰 부분) 1/2뿌리, 달걀흰자 1개분, 국간장 1/2작은술, 참기름 1큰술, 멸치다시마국물 2컵
녹말물 녹말가루 1작은술, 물 1작은술

1 게살 손질하기 게살은 손으로 가볍게 짜 물기를 뺀 뒤 밀대로 밀어 납작하게 만든다.

4 게살 넣고 간하기 국물이 끓으면 게살을 넣고 국간장으로 간을 맞춘다.

2 버섯·대파 썰기 표고버섯은 아주 얇게 저며 썰고, 대파는 잘게 다진다.

5 녹말물 풀어 넣기 게살이 다 익으면 녹말가루와 물을 섞은 녹말물을 조금씩 넣어 섞는다.

3 국물 끓이기 냄비에 멸치다시마국물을 붓고 준비한 표고버섯과 대파를 넣어 끓인다.

6 달걀흰자 풀어 넣기 ⑤에 달걀흰자를 풀어 넣고 휘휘 저은 다음 참기름을 넣어 맛을 낸다.

● ● ●
수프에 달걀흰자를 넣으면 더 맛깔스럽게 보이고 영양 면에서도 균형을 맞출 수 있어요. 달걀흰자는 덩어리 없이 고루 풀어주세요. 그래야 국물에 넣었을 때 잘 퍼져요.

아이들에게 인기 최고, 외식 & 간식

돈가스

돼지고기(돈가스용) 600g, 사과즙 4큰술, 양파즙 2큰술, 청주 2큰술, 소금·후춧가루 조금씩, 식용유 적당량

튀김옷 밀가루 2큰술, 달걀물 4큰술, 빵가루 1/2컵

1 **돼지고기 재기** 돼지고기를 종이타월로 눌러 핏물을 빼고 사과즙, 양파즙, 청주, 소금, 후춧가루를 뿌려 15분 정도 잰다.

2 **튀김옷 입히기** 밑간한 돼지고기에 밀가루와 달걀물, 빵가루 순으로 튀김옷을 입힌다.

3 **기름에 튀기기** 냄비에 기름을 넉넉히 부어 달군 뒤 튀김옷 입힌 돼지고기를 넣어 튀긴다.

tip 돼지고기에 튀김옷을 입혀 냉동해두면 편해요. 지퍼백이나 비닐봉지에 한 개씩 담아 공기를 빼고 냉동 보관하세요.

햄버그스테이크

다진 쇠고기 400g, 다진 돼지고기 200g, 달걀 1개, 양파 1/2개, 빵가루 1컵, 녹말가루 1큰술, 다진 마늘 1큰술, 생크림 1/4큰술, 소금·후춧가루 조금씩, 식용유 1큰술

1 **고기 밑간하기** 다진 쇠고기와 돼지고기는 종이타월로 눌러 핏물을 빼고 녹말가루와 소금, 후춧가루를 뿌려 밑간한다.

2 **양파 볶기** 양파는 곱게 다져 기름 두른 팬에 중간 불로 물기가 없도록 볶아 식힌다.

3 **재료 섞기** ②에 빵가루, 다진 마늘, 생크림, 달걀을 넣어 골고루 섞는다.

4 **고기 반죽하기** 밑간한 고기에 ③을 섞고 손으로 치대며 끈기가 나도록 반죽한다.

5 **햄버그스테이크 빚기** 반죽을 동글동글하게 뭉친 뒤 납작하게 눌러 모양을 잡는다.

6 **햄버그스테이크 굽기** 팬에 기름을 두르고 햄버그스테이크를 올려 노릇하게 구운 다음, 200℃로 예열한 오븐에서 10분 정도 더 구워 속까지 익힌다.

tip 반죽을 동글납작하게 빚어 지퍼백이나 비닐봉지에 한 개씩 담아 공기를 빼고 냉동해 두면 좋아요.

아이들은 돈가스, 치킨 너겟, 햄버거 같은 음식을 정말 좋아해요.
잘 먹는 모습을 보면 자주 먹이고 싶지만 트랜스지방산과 각종 첨가물을 신경 안 쓸 수가 없지요.
이제 좋은 재료로 집에서 만들어 주세요. 아이도 좋아하고 엄마도 안심이 돼요.

치킨 너겟

닭다리살 3쪽, 닭가슴살 1쪽, 양파 1/2개, 빵가루 6큰술, 녹말가루 1큰술, 다진 마늘 1작은술,
맛술 1큰술, 소금·후춧가루 조금씩, 식용유 적당량
튀김옷 밀가루 3큰술, 달걀 1개, 빵가루 1/2컵

1 **닭고기 갈기** 닭다리살과 닭가슴살을 큼직하게 썰어 푸드 프로세서로 곱게 간다.

2 **양파 볶기** 양파를 곱게 다져 기름 두른 팬에 중간 불로 물기 없이 볶아 차게 식힌다.

3 **너겟 반죽하기** 곱게 간 닭고기에 볶은 양파, 빵가루, 녹말가루, 다진 마늘, 맛술, 소금,
후춧가루를 넣고 골고루 섞어 반죽한다.

4 **너겟 반죽 얼리기** 넓은 쟁반이나 납작한 접시에 랩을 깔고 너겟 반죽을 0.3~0.5cm 두께로
납작하고 평평하게 담는다. 그대로 냉동실에 넣어 20~30분 정도 얼린다.

5 **너겟 반죽 자르기** 얼린 반죽을 칼로 작게 자르거나 모양틀로 찍는다.

6 **너겟 튀기기** 너겟 반죽에 밀가루, 달걀물, 빵가루 순으로 튀김옷을 입혀 달군 팬에 기름을
넉넉히 두르고 앞뒤로 튀기듯 구운 뒤 체에 받쳐 기름을 뺀다.

 **tip** 너겟 반죽을 미리 만들어두려면 튀김옷을 입혀 밀폐용기나 비닐에 담아 냉동실에 보
관하세요.

어묵

생선살(흰 살 생선) 250g, 오징어(몸통) 1마리, 양파 1/4개, 피망 1/3개, 쪽파 3~4뿌리,
녹말가루 1큰술, 다진 마늘 1작은술, 청주 1큰술, 소금 1/2작은술, 식용유 적당량

1 **생선살·오징어 다지기** 오징어는 내장과 껍질을 제거하고, 생선살은 가시가 없는지 확인
한다. 푸드 프로세서에 모두 넣어 최대한 곱게 간다.

2 **양파·피망·쪽파 다지기** 양파, 피망, 쪽파는 잘게 다진 뒤 종이타월로 살살 눌러 물기를
닦는다.

3 **어묵 반죽하기** ①과 ②를 볼에 담고 녹말가루와 다진 마늘, 청주, 소금을 넣어 골고루 섞
는다.

4 **어묵 굽기** 어묵 반죽을 적당히 떼어 모양을 잡은 뒤, 기름을 넉넉히 두른 팬에 튀기듯이
굽거나 김이 오른 찜통에 10분 정도 찐다.

tip 어묵 반죽을 넉넉히 만들어 밀폐용기나 비닐봉지에 담아 냉동실에 보관해두고 필요
할 때마다 꺼내 쓰세요.

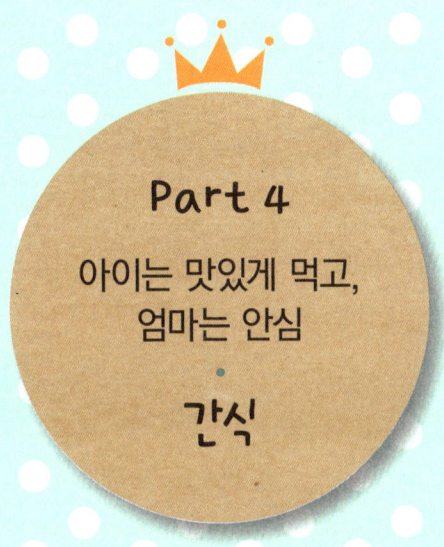

Part 4

아이는 맛있게 먹고,
엄마는 안심
·
간식

아이가 좋아하는 과자와 음료를 사 주고 항상 마음이 쓰였다면,
이제 엄마표 간식을 만들어 주세요. 조금만 신경 써도 어렵지 않게 영양 많고 맛 좋은 간식을 만들 수 있답니다.
여기 아이들이 좋아하는 웰빙 홈메이드 간식을 소개합니다.

고추장떡볶이

매운맛에 적응해가는 아이들을 위해 고추장으로 만든 떡볶이예요.
마요네즈를 넣어 고추장의 매운맛을 줄였어요.

영양구성

칼로리 305.84kcal
단백질 9.01g
지방 9.27g
탄수화물 46.59g
칼슘 119.69mg
비타민A 523.86㎍
비타민C 1.54mg

 **2인분** 떡볶이 떡 250g, 어묵 1장, 양파 1/2개, 송송 썬 파 조금,
마요네즈 3큰술, 고추장 1/2큰술, 올리고당 2큰술, 멸치다시마국물 1컵

1 떡 데치기 떡을 끓는
물에 1분 정도 데친 뒤 체
에 받쳐 물기를 뺀다.

4 떡·양념 넣어 끓이기
국물이 끓으면 데친 떡과
고추장, 마요네즈, 올리고
당을 섞어서 넣고 2~3분
정도 더 끓인다.

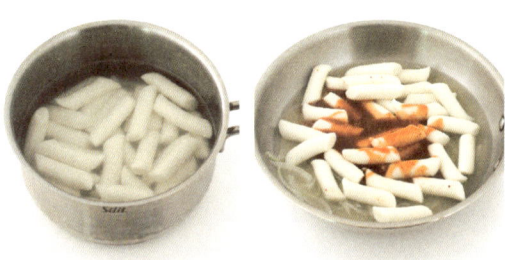

2 양파·어묵 썰기 어묵
은 3×1cm 크기로 네모지
게 썰고, 양파는 채 썬다.

5 어묵 넣기 어묵을 넣고
국물이 자작해질 때까지
끓인다. 마지막에 송송 썬
파를 뿌린다.

3 국물 끓이기 팬에 멸치
다시마국물과 채 썬 양파
를 넣어 끓인다.

• • •

떡볶이를 처음 해줄 때는 마요네즈를 레시피대로 넣고 아이가 매운맛에 익숙해지면 점점
양을 줄이세요.

생크림떡볶이

매운 양념 때문에 떡볶이를 좋아해도 먹지 못하는 아이를 위해 생크림떡볶이를 소개해요.
파인애플과 사과를 넣어 달콤하고 느끼하지도 않아 아이들이 참 좋아해요.

영양구성

칼로리 439.12kcal
단백질 11.1g
지방 17.6g
탄수화물 59.09g
칼슘 111.46mg
비타민A 134.92μg
비타민C 14.59mg

 **2인분** 떡볶이 떡 200g, 파인애플 링 1/2개, 사과 1/4개, 양송이버섯 2개, 양파 1/4개, 베이컨 2장, 생크림 1/2컵, 소금 1/2작은술

1 떡 데치기 떡을 끓는 물에 30초 정도 데친 뒤 체에 밭쳐 물기를 뺀다.

4 생크림 부어 끓이기 ③에 생크림을 붓고 5분 정도 끓인다.

2 재료 썰기 파인애플, 사과, 양송이버섯, 양파, 베이컨은 한 입 크기로 썬다.

5 떡·양송이버섯 넣기 생크림이 약간 걸쭉해지면 데친 떡과 양송이버섯을 넣고 소금으로 간해 2~3분 정도 더 끓인다.

3 베이컨·양파 볶기 팬에 베이컨과 양파를 넣어 양파가 투명해질 때까지 볶는다.

6 사과 넣기 마지막에 사과와 파인애플을 넣고 가볍게 섞은 뒤 불을 끈다. 그릇에 담아 파슬리가루를 뿌린다.

● ● ●

생크림 소스에 토마토소스를 조금 섞으면 새콤한 맛의 로제소스 떡볶이를 만들 수 있어요.

미니 핫도그

기름에 튀긴 핫도그 말고 엄마표 건강 핫도그를 만들어 주세요. 핫케이크가루 한 봉지와
비엔나소시지만 있으면 아이들이 좋아하는 핫도그를 뚝딱 만들 수 있답니다.

영양구성

칼로리 378.2kcal
단백질 9.93g
지방 17.88g
탄수화물 58.26g
칼슘 47.11mg
비타민A 43.2μg
비타민C 1.24mg

2인분

핫케이크가루 125g, 비엔나소시지 10개, 달걀 1/2개, 우유 1/2컵,
다진 파프리카 1/2큰술, 파슬리가루 1/2작은술, 꿀 적당량, 식용유 조금

1 소시지 삶기 냄비에 물을 넉넉히 붓고 비엔나소시지를 넣어 10분 정도 팔팔 삶은 뒤 찬물에 헹궈 체에 밭친다.

4 반죽 부치기 달군 팬에 기름을 두르고 종이타월로 닦아낸 다음 반죽을 숟가락으로 떠 올려 길쭉하게 부친다.

2 반죽하기 핫케이크가루에 우유, 달걀을 넣어 멍울 없이 골고루 섞는다.

5 소시지 올려 말기 반죽이 살짝 익으면 소시지를 하나씩 올려 돌돌 말아 익힌다.

3 파프리카 섞기 ②에 다진 파프리카와 파슬리가루를 넣어 골고루 섞는다.

6 꿀 뿌리기 핫도그를 그릇에 담고 꿀을 뿌린다.

● ● ●

파프리카가 없다면 집에 있는 다른 자투리 채소를 활용해보세요. 당근, 양파, 피망 등 어떤
채소라도 좋아요.

씨앗 호떡

호떡 반죽 대신 식빵을 사용해 만든 씨앗 호떡이에요.
방법도 간단하고 시간도 얼마 안 걸려서 후다닥 해 먹기 좋은 간식이랍니다.

영양구성

칼로리 352.56kcal
단백질 9.41g
지방 20.98g
탄수화물 35.91g
칼슘 45.71mg
비타민A 13.48㎍
비타민C 3mg

 **2인분** 식빵 6장, 사과 1개, 호박씨 1큰술, 다진 피칸 1큰술, 해바라기씨 1큰술, 버터 1조각(1×1cm), 설탕 2½큰술, 레몬즙 1작은술, 계핏가루 조금

1 사과 조리기 사과는 껍질과 씨를 제거하고 가로세로 1cm 크기로 네모지게 썬다. 냄비에 담고 설탕을 넣어 조린다.

4 식빵에 재료 올리기 식빵에 ③을 적당히 올리고 다른 식빵으로 덮는다.

2 레몬즙·계핏가루 넣기 사과가 물기 없이 조려지면 레몬즙과 계핏가루를 넣어 골고루 섞는다.

5 틀로 자르기 ④를 동그란 틀이나 컵 등으로 꾹 눌러 둥글게 자른다.

3 씨앗·견과 넣기 ②에 버터와 다진 피칸, 호박씨, 해바라기씨를 넣어 골고루 섞는다.

6 팬에 굽기 달군 팬에 기름 없이 ⑤를 올려 겉면이 노르스름해지도록 앞뒤로 굽는다.

• • •

아이와 함께 다양한 모양틀로 식빵을 찍어보세요. 호기심도 쑥쑥 크고, 아이가 정말 좋아할 거예요.

아코디언 감자구이

감자를 자른 모양이 아코디언과 비슷하다고 해서 재미있는 이름이 붙은 감자구이예요.
길이가 길고 도톰한 감자로 만들면 좋아요.

영양구성

칼로리 213.96kcal
단백질 2.62g
지방 9.83g
탄수화물 28.69g
칼슘 50.01mg
비타민A 144.91㎍
비타민C 17.86mg

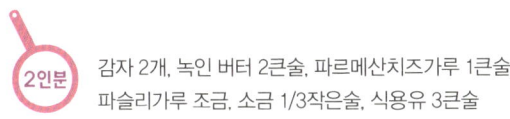

2인분　감자 2개, 녹인 버터 2큰술, 파르메산치즈가루 1큰술, 파슬리가루 조금, 소금 1/3작은술, 식용유 3큰술

1 감자 씻기 감자는 껍질까지 먹을 수 있도록 솔로 구석구석 깨끗이 씻는다.

2 감자에 칼집 내기 바닥에 젓가락을 놓고 그 위에 감자를 올려 촘촘히 칼집을 낸다.

3 오븐에 굽기 칼집 낸 감자 겉면에 식용유를 바르고 소금을 뿌린 다음 200℃로 예열한 오븐에서 30분 정도 굽는다.

4 버터 발라 굽기 녹인 버터와 파르메산치즈가루를 섞어 구운 감자에 바른 뒤 오븐에 넣어 10~15분 정도 더 굽는다. 마지막에 파슬리가루를 뿌린다.

• • •
젓가락을 대고 칼집을 내야 감자의 끝부분이 완전히 잘리지 않고 붙어 있어요.

과일 크레이프

얇고 부드러운 크레이프에 다양한 과일과 크림을 얹어 돌돌 말았어요.
좋아하는 과일을 준비해 아이와 함께 만들어보세요.

영양구성

칼로리 419.95kcal
단백질 12.9g
지방 13.29g
탄수화물 62.99g
칼슘 191.18mg
비타민A 303.5μg
비타민C 10mg

 **2인분**

중력분 1/2컵, 달걀 1개, 우유 1/3컵, 녹인 버터 1큰술,
설탕 1/2작은술, 소금 1/4작은술, 바나나 1개, 휘핑크림 적당량,
초코시럽 적당량, 식용유 조금

1 반죽하기 볼에 중력분
과 달걀, 우유, 설탕, 소금
을 넣어 멍울이 없도록 골
고루 섞는다.

3 크레이프 부치기 팬에
기름을 살짝 두르고 종이
타월로 닦은 뒤 반죽을
얇게 펼쳐 크레이프를 부
친다.

2 버터 넣기 ①에 녹인
버터를 넣고 골고루 섞은
뒤 랩을 씌워 30분 정도
냉장고에 넣어둔다.

4 과일 올리기 한 김 식
힌 크레이프를 펼치고 바
나나를 껍질 벗겨 올린
다음 휘핑크림과 초코시
럽을 올려 돌돌 만다.

• • •
밀가루를 체에 한 번 쳐서 넣으면 공기가 들어가 부드러운 크레이프를 만들 수 있어요. 크
레이프를 부칠 때 불은 약하게 하세요.

찰떡 토스트

고소한 콩고물과 달콤한 꿀이 어우러진 찰떡 토스트.
인절미와 식빵만 있으면 돼 만들기도 간편해요.

영양구성

칼로리 385.5kcal
단백질 11.75g
지방 6.65g
탄수화물 69.05g
칼슘 39.1mg
비타민A 16㎍
비타민C 0.25mg

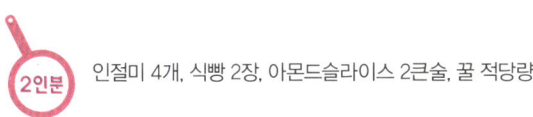 2인분 인절미 4개, 식빵 2장, 아몬드슬라이스 2큰술, 꿀 적당량

1 식빵 굽기 식빵을 팬이나 토스터에 노릇하게 구워 식힌다.

3 식빵에 인절미 올리기 식빵 위에 인절미를 올리고 다른 식빵으로 덮는다.

2 인절미 손질하기 인절미는 콩고물을 털어 떡과 고물을 따로 준비한다.

4 전자레인지에 데워 고물 올리기 ③을 전자레인지에 넣고 1분 30초 정도 데운다. 완성된 토스트 위에 콩고물과 아몬드슬라이스, 꿀을 뿌린다.

● ● ●
인절미를 너무 많이 올리면 식빵 밖으로 흘러나올 수 있으니 주의하세요.

찹쌀부꾸미

쫄깃쫄깃하고 고소한 찹쌀부꾸미는 소화도 잘 되고 아이들과 함께 만들 수 있어서 좋아요.
고소한 맛과 구수한 맛을 동시에 느낄 수 있는 매력 넘치는 떡입니다.

영양구성

칼로리 407.5kcal
단백질 6.85g
지방 14.35g
탄수화물 65.06g
칼슘 32.26mg
비타민A 2.6μg
비타민C 0.4mg

2인분 찹쌀가루 1컵, 피칸 1큰술, 건포도 1큰술, 소금 1/3작은술,
꿀 조금, 식용유 2큰술, 뜨거운 물 3/5컵(120mL)

1 건포도·피칸 다지기
건포도와 피칸을 잘게 다
진다.

2 찹쌀가루 반죽하기 볼
에 찹쌀가루를 담아 소금
을 섞고 뜨거운 물을 조금
씩 부어가며 익반죽한다.

**3 건포도·피칸 섞어 숙성
시키기** ①에 건포도와 피
칸을 넣어 골고루 섞은 뒤
지퍼 팩이나 비닐봉지에
담아 10~15분 정도 실온
에서 숙성시킨다.

4 부꾸미 빚기 숙성시킨
반죽을 지름 4cm 정도로
동글납작하게 빚는다.

5 팬에 지지기 팬에 식용
유를 두르고 부꾸미를 올
려 약한 불에서 노릇하게
지진다. 입맛에 따라 꿀을
곁들여 찍어 먹는다.

● ● ●
물의 양은 반죽 상태에 따라 적절히 조절하고, 찹쌀반죽이 갈라지지 않도록 충분히 치대세
요. 피칸, 건포도 외에 호두, 아몬드 등 다양한 견과류를 활용해도 좋아요.

맥 앤 치즈

맥 앤 치즈는 마카로니라는 파스타에 치즈를 섞어 만든 요리를 말해요.
아이들 간식으로도 좋지만 간단한 한 끼 식사로도 손색없답니다.

영양구성

칼로리 360kcal
단백질 17.33g
지방 16.89g
탄수화물 32.26g
칼슘 377.25mg
비타민A 410㎍
비타민C 3mg

 **2인분** 마카로니 1컵, 양파 1/4개, 슬라이스 체더치즈 4장, 우유 ¼컵, 밀가루 2큰술, 버터 2큰술, 파르메산치즈가루 적당량, 소금 조금

1 마카로니 삶기 물을 넉넉히 끓여 마카로니를 10~13분 정도 삶은 다음 체에 받쳐 물기를 뺀다.

3 크림소스 만들기 ②에 우유를 조금씩 부어가며 멍울이 생기지 않도록 섞고 슬라이스 체더치즈를 넣어 약한 불에서 끓인다.

2 양파 볶기 양파를 채썰어 달군 팬에 버터를 녹이고 투명해질 때까지 볶는다. 밀가루를 넣어 1분 정도 더 볶는다.

4 마카로니 넣기 소스에 삶은 마카로니를 넣고 소금으로 간을 맞춘다. 입맛에 따라 파르메산치즈가루를 넣는다.

● ● ●

맥 앤 치즈로 그라탱을 만들어도 좋아요. 완성된 맥 앤 치즈를 오븐용 그릇에 담고 모차렐라치즈를 솔솔 뿌려 180℃로 예열된 오븐에 10분 정도 구우면 완성이에요.

피시 앤 칩스

영국식 생선요리, 피시 앤 칩스를 들어보셨나요?
생선살과 감자를 튀긴 단순한 요리지만 모양이 근사해서 폼이 난답니다.

영양구성

칼로리 361.22kcal
단백질 11.43g
지방 21.3g
탄수화물 8.96g
칼슘 5.76mg
비타민A 15.4㎍
비타민C 1.4mg

 **2인분** 생선살 4〜5조각, 감자 1개, 레몬 1조각, 소금·후춧가루 조금씩, 식용유 적당량
튀김옷 중력분 3/4컵, 녹말가루 1/2컵, 얼음물 1½컵, 소금 1/2작은술
타르타르소스 다진 피클 1큰술, 마요네즈 3〜4큰술, 머스터드 1/2작은술,
레몬즙 2/3큰술, 소금·후춧가루 조금씩

1 생선살 밑간하기 생선
살은 소금과 후춧가루를
뿌려 밑간한다.

3 소스 만들기 타르타르
소스 재료를 모두 섞는다.

2 튀김옷 만들기 볼에 튀
김옷 재료를 모두 넣고 가
볍게 섞는다. 반죽을 흘렸
을 때 주르륵 흐를 정도의
농도로 맞춘다.

4 기름에 튀기기 감자는
껍질째 깨끗이 씻어 먹기
좋게 썬다. 생선살에 튀김
옷을 입혀 달군 기름에 감
자와 함께 튀긴다. 체에
밭쳐 기름을 쪽 뺀 뒤 타르
타르소스를 곁들여 낸다.

● ● ●
생선살은 주로 얇게 포를 떠서 팔아요. 큼직한 생선살을 구하기 어렵다면 생선가게나 마트
생선 코너에서 흰 살 생선 한 마리를 골라 살만 발라 큼직하게 썰어 달라고 주문하면 돼요.

게맛살 크로켓

부드러운 크림소스와 게맛살을 버무려 노릇하게 튀겨낸 크로켓이에요.
겉은 바삭하고 속은 촉촉한 맛이 일품이랍니다.

영양구성

칼로리　408.6kcal
단백질　38.45g
지방　16.77g
탄수화물　25.91g
칼슘　355.75mg
비타민A　313.65㎍
비타민C　0.5mg

2인분

게맛살 5줄, 달걀 1개, 다진 양파 4큰술, 우유 1컵, 밀가루 1큰술, 버터 1½큰술, 소금 1/2작은술, 후춧가루 조금, 식용유 적당량
튀김옷 달걀 1개, 밀가루·빵가루 적당량씩

1 게맛살 손질하기 게맛살을 길이로 가늘게 쭉쭉 찢어 2~3cm 길이로 썬다.

4 반죽 굳히기 납작한 그릇에 비닐이나 랩을 깔고 반죽을 담아 냉동실에 20~30분 정도 넣어둔다.

2 양파 볶기 달군 팬에 버터를 녹이고 다진 양파를 넣어 투명해질 때까지 볶은 다음 밀가루를 넣어 약한 불에서 1분 정도 더 볶는다.

5 반죽 썰기 단단하게 굳은 반죽을 먹기 좋은 크기로 썬다.

3 반죽하기 ②에 손질한 게맛살과 소금, 후춧가루를 넣고 우유를 조금씩 부어가며 골고루 섞는다.

6 크로켓 튀기기 반죽에 밀가루, 달걀, 빵가루 순으로 입혀 달군 팬에 기름을 넉넉히 두르고 튀기듯 굽는다.

● ● ●
게맛살 대신 진짜 게살로 만들어도 좋아요. 반죽은 꼭 굳혀서 튀기세요. 굳히지 않으면 너무 질떡거려 크로켓 모양이 이상해진답니다. 이미 익힌 상태이기 때문에 겉만 바삭하게 튀기면 됩니다.

누룽지 맛탕

어릴 적에 엄마가 누룽지를 튀겨서 설탕을 솔솔 뿌려 주시던 기억이 있어요.
그 기억을 살려 아이들이 먹기 좋게 튀긴 누룽지와 고구마, 떡을 함께 조려 맛탕을 만들었어요.

영양구성

칼로리 415.3kcal
단백질 4.09g
지방 15.52g
탄수화물 65.23g
칼슘 7.4mg
비타민A 26.2㎍
비타민C 0.6mg

 **2인분** 누룽지 2장(지름 15cm), 고구마 1개, 가래떡 15cm, 다진 견과류 1큰술, 올리고당 2큰술, 황설탕 1½큰술, 식용유 적당량

1 가래떡·고구마 썰기 가래떡을 한 입 크기로 썬다. 고구마는 껍질을 벗겨 같은 크기로 썬다.

2 고구마 삶기 냄비에 물 3컵과 소금 1/2작은술을 넣고 끓인다. 물이 팔팔 끓으면 고구마를 넣어 3분 정도 삶은 뒤 체에 밭쳐 물기를 뺀다.

3 누룽지 자르기 누룽지는 손으로 큼직큼직하게 자른다.

4 기름에 튀기기 달군 팬에 기름을 1cm 정도 높이로 두르고 준비한 떡과 고구마, 누룽지를 넣어 바삭하게 튀긴다.

5 맛탕 만들기 팬에 남은 기름을 따라내고 황설탕과 올리고당을 넣어 센 불에서 재빨리 볶아낸다. 마지막에 다진 견과류를 뿌린다.

• • •

가래떡이 딱딱할 경우엔 고구마와 함께 데쳐서 사용하세요.

호두 강정

사람의 뇌를 닮은 호두는 두뇌 활동에 좋다는 말이 있지요.
아이가 견과류를 별로 안 좋아한다면 달콤하고 고소한 강정이 제격이에요.

영양구성

칼로리 404.4kcal
단백질 8.13g
지방 34.62g
탄수화물 22.54g
칼슘 59.31mg
비타민A 14.9㎍
비타민C 0.94mg

 **2인분** 호두 1½컵(150g), 맛간장 1큰술, 황설탕 1/2컵, 식용유 2큰술

1 호두 데치기 호두를 끓
는 물에 3분 정도 데친 다
음 흐르는 물에 씻어 물기
를 뺀다.

3 맛간장 넣어 볶기 호두
에 설탕이 골고루 배면 맛
간장을 팬 한쪽에 부어
지글지글 끓인 다음 호두
와 버무린다.

2 호두 볶기 달군 팬에
식용유를 두르고 호두와
황설탕을 넣어 골고루 볶
는다.

4 식히기 호두 강정을 쟁
반에 올려 서로 붙지 않도
록 하나씩 떼어 식힌다.

· · ·
호두에 설탕을 골고루 입히는 것이 중요해요. 설탕이 타지 않도록 약한 불에서 볶으세요.

초코칩 쿠키

버터가 전혀 들어가지 않았지만 버터가 들어간 쿠키보다 훨씬 더 맛있고 촉촉하답니다.
아이들에게 만들어 주면 "엄마 최고"라는 찬사를 들을 수 있을 거예요.

영양구성

칼로리 373.1kcal
단백질 4.69g
지방 20.79g
탄수화물 41.79g
칼슘 23.59mg
비타민A 20.3㎍
비타민C 0.028mg

 **15~18개** 중력분 125g, 초코칩 60g, 코코아가루 35g, 달걀 1개, 흑설탕 50g,
설탕 50g, 식물성기름 80g, 바닐라에센스 1작은술,
베이킹소다 1/2작은술, 소금 1/4작은술

1 달걀·설탕 섞기 볼에 달걀, 흑설탕, 설탕, 식물성기름, 바닐라에센스를 담고 거품기로 골고루 섞는다.

3 초코칩 섞기 ②에 초코칩을 넣고 가루가 보이지 않도록 골고루 섞어 반죽한다.

2 가루 재료 섞기 중력분과 코코아가루, 베이킹소다, 소금을 섞어 체에 한번 내린 다음 ①에 넣고 대충 섞는다.

4 오븐 팬에 담기 오븐팬에 유산지를 깔고 반죽을 숟가락으로 떠서 둥글게 올린다. 180℃로 예열한 오븐에 10~13분 정도 굽는다.

● ● ●
초코칩과 함께 말린 과일을 넣어도 맛있답니다. 흑설탕 대신 황설탕을 써도 괜찮아요. 반죽을 오븐 팬에 올릴 땐 간격을 적당히 두어야 서로 붙지 않아요. 식물성 기름은 식용유, 카롤라유 어떤 것이든 좋아요. 단 올리브유는 쓰지 마세요. 향이 너무 강해서 어울리지 않아요.

시금치 두부 머핀

시금치와 두부, 두유를 이용해 만든 건강 머핀이에요. 버터 대신 식물성기름을 넣고 반죽해
부드러운 질감은 조금 떨어지지만 바닐라에센스를 넣어 맛과 향이 좋아요.

영양구성

칼로리 366.5kcal
단백질 8.26g
지방 17.95g
탄수화물 43.06g
칼슘 87.96mg
비타민A 937.4㎍
비타민C 12mg

 **6~8개** 중력분 240g, 시금치 1포기(30g), 두부 180g, 달걀 1개, 두유 195mL,
황설탕 200g, 식물성기름 100g, 바닐라에센스 조금,
베이킹파우더 2작은술, 소금 1작은술

1 시금치 데치기 시금치는 뿌리를 자르고 끓는 물에 30초 정도 데친 뒤 찬물에 씻는다. 데친 시금치는 두유 45mL와 함께 믹서에 곱게 간다.

4 반죽하기 ③에 ②를 넣어 골고루 섞은 뒤 중력분과 베이킹파우더, 소금을 체 쳐서 넣고 가루가 보이지 않도록 섞는다.

2 두부·두유·달걀 갈기 두부와 달걀, 남은 두유를 믹서에 넣어 덩어리가 없도록 곱게 간다.

5 시금치 넣기 반죽의 1/3을 덜어 따로 두고, 나머지 반죽에 곱게 간 시금치를 섞는다.

3 식물성기름·설탕 섞기 식물성기름에 황설탕, 바닐라에센스를 넣고 거품기로 골고루 섞는다.

6 오븐에 굽기 머핀 틀에 하얀색 반죽을 먼저 담고 그 위에 시금치 반죽을 담는다. 180℃로 예열한 오븐에 넣어 20~25분 정도 굽는다.

● ● ●
머핀을 구울 때는 틀에 버터나 기름을 얇게 칠하거나 베이킹용 머핀컵을 깔면 좋아요. 담백한 맛을 살리고 싶다면 설탕량을 20~30g 줄이세요.

첨가물 걱정 없는 홈메이드 음료

배 대추 꿀차 2인분

말린 대추 1컵(50~60g), 배 1/2개, 물 5컵, 꿀 조금

1 **대추·배 손질하기** 대추는 깨끗이 씻어 물기를 뺀다. 배는 반 갈라 씨를 빼고 껍질째 큼직하게 썬다.

2 **차 끓이기** 냄비에 물을 붓고 대추와 배를 넣어 센 불에서 팔팔 끓인다. 끓어오르면 불을 아주 약하게 줄여 30~40분간 더 끓인다.

3 **꿀 넣기** 컵에 차를 따라 꿀을 넣는다.

투톤 에이드 2인분

키위 1개, 오렌지 1/2개, 탄산수 적당량
시럽 설탕 2큰술, 물 2큰술

1 **시럽 만들기** 냄비에 설탕과 물을 넣고 설탕이 녹을 정도로만 끓여 식힌다.

2 **키위·오렌지 믹서에 갈기** 키위와 오렌지는 껍질을 벗겨 과육만 각각 믹서에 간다.

3 **탄산수 섞기** 투명한 유리컵에 키위 주스와 오렌지 주스를 차례로 담고 탄산수를 붓는다. 시럽을 넣어 당도를 맞춘다.

집에서 음료를 만드는 일은 생각보다 쉬워요.
복잡한 도구나 재료가 없어도 누구나 근사하고 맛있는 음료를 만들 수 있답니다.
아이들이 음료를 찾으면 홈메이드로 더 맛있고 건강하게 만들어 주세요.

리얼 핫초코 2인분

초코칩 4큰술, 우유 1½컵, 뜨거운 물 2큰술

1 초코칩 녹이기 초코칩을 컵에 담아 전자레인지에서 20초 정도 데워 완전히 녹인다.

2 우유 섞기 녹인 초콜릿에 뜨거운 물을 넣어 섞은 뒤 우유를 따뜻하게 데워 섞는다.

3 마시멜로 넣기 컵에 따르고 마시멜로를 위에 살짝 올린다.

오레오 셰이크 2인분

오레오 쿠키 5개, 바나나 1개, 우유 1컵

1 바나나·오레오 쿠키 준비하기 바나나는 양끝을 1cm씩 잘라내고 큼직하게 자른다. 오레오 쿠키는 반으로 나눈다.

2 믹서에 갈기 믹서에 바나나와 오레오 쿠키, 우유를 넣어 곱게 간다.

3 오레오 쿠키 가루 뿌리기 취향에 따라 오레오 쿠키를 곱게 부숴 위에 뿌려도 좋다.

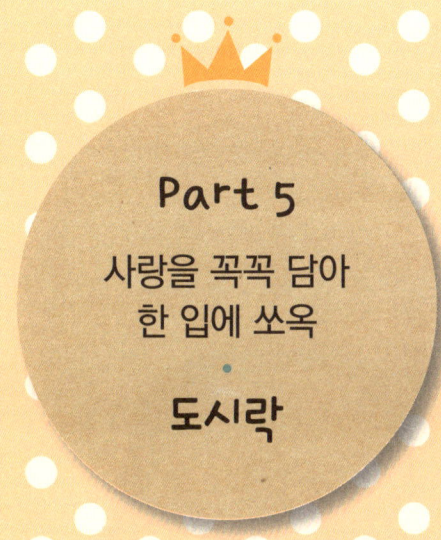

Part 5

사랑을 꼭꼭 담아
한 입에 쏘옥

도시락

아이가 도시락 뚜껑을 열었을 때 행복해 하는 표정을 상상하면
저절로 흥이 나는 게 엄마의 마음이죠. 맛과 영양을 꼭꼭 채워 먹기 좋게 싸 주세요.
사랑과 정성이 담긴 도시락이 아이를 건강하게 만든답니다.

샐러드 김밥

오이, 사과, 치즈를 올리고 마요네즈로 버무린 게맛살을 넣어 돌돌 말았어요.
사과의 아삭함과 상큼함이 입안에서 감돌아요.

영양구성

칼로리 356.02kcal
단백질 6.4g
지방 12.74g
탄수화물 22.68g
칼슘 57.74mg
비타민A 85.08μg
비타민C 2.6mg

 **2인분** 밥 2공기, 오이 1개, 사과 1/2개, 게맛살 3줄, 슬라이스 치즈 4장, 구운 김 4장, 마요네즈 1/2큰술, 통깨 1작은술, 참기름 1작은술, 소금 1/3작은술

1 오이·사과·치즈 준비하기 오이와 사과는 씨를 빼고 가늘게 채 썬다. 슬라이스 치즈는 반으로 자른다.

3 밥 양념하기 따뜻한 밥을 준비해 통깨, 참기름, 소금으로 양념한다.

2 게맛살 준비하기 게맛살은 5cm 길이로 잘라 가늘게 찢은 뒤 마요네즈로 버무린다.

4 김밥 말기 김 위에 밥을 적당히 깐 다음 치즈를 길게 올리고 오이, 사과, 게맛살을 올려 돌돌 만다.

• • •
어른이 먹을 거라면 와사비를 약간 넣어보세요. 깔끔하면서 개운한 맛이 난답니다.

스팸 달걀 김밥

밥 속에 아이들이 좋아하는 스팸을 넣고 김으로 돌돌 말았어요.
재료도 간단하고 만들기도 간편해 도시락 메뉴로 좋아요.

영양구성

칼로리 342.91kcal
단백질 14.47g
지방 15.83g
탄수화물 34.72g
칼슘 36.06mg
비타민A 847.3μg
비타민C 10.97mg

 **2인분** 밥 2공기, 스팸 1/2통, 구운 김 2장, 검은깨 1큰술, 참기름 1/2큰술, 소금 1/4작은술
달걀지단 달걀 2개, 송송 썬 부추 2작은술, 맛술 1큰술, 식용유 조금

1 스팸 썰기 스팸을 납작하게 썰어 마른 팬에 노릇하게 지진다.

4 밥 양념하기 따뜻한 밥을 준비해 검은깨와 참기름, 소금으로 양념하고 작은 주먹만한 크기로 뭉쳐 둔다.

2 달걀물 만들기 달걀을 곱게 풀어 부추와 맛술을 넣고 섞는다.

5 김밥 말기 김을 스팸 길이에 맞춰 길게 자르고 밥, 스팸, 지단을 올려 돌돌 만다.

3 달걀지단 부치기 달군 팬에 식용유를 살짝 두르고 종이타월로 닦아낸 다음 달걀물을 부어 지단을 부친다. 완성된 지단은 스팸과 같은 크기로 썬다.

6 팬에 굽기 마른 팬에 김밥을 올려 김 끝이 풀리지 않도록 살짝 굽는다.

● ● ● ●
스팸을 굽기 전에 끓는 물에 살짝 데치면 짠맛과 기름기를 줄일 수 있어요.

회오리 김밥

회오리 김밥은 재료가 회오리처럼 돌돌 말려 있어서 생긴 이름이에요.
아이들은 달라진 모양 하나에도 무척 좋아해요. 평범한 재료로 만드는 특별한 김밥이랍니다.

영양구성

칼로리 300.89kcal
단백질 10.63g
지방 11.56g
탄수화물 38.02g
칼슘 97.25mg
비타민A 891.1㎍
비타민C 2.89mg

 **2인분** 밥 1½공기, 달걀 1개, 게맛살 2줄, 오이 1/2개, 당근 1/3개, 구운 김 4장, 참기름 1큰술, 소금 1/3작은술, 깨소금 조금

1 오이 손질하기 오이는 껍질을 얇게 벗기고 씨를 뺀 뒤 가늘게 채 썬다.

4 밥 양념하기 따뜻한 밥을 준비해 참기름, 소금, 깨소금으로 양념한다.

2 당근·게맛살 손질하기 당근은 가늘게 채 썰고, 게맛살은 얇게 펼친다.

5 김밥 말기 김 위에 밥을 얇게 펼치고 오이, 당근, 게맛살, 달걀을 같은 폭으로 나란히 올린다. 끝에서부터 꼼꼼히 회오리 모양이 살도록 만다.

3 달걀지단 부치기 달군 팬에 식용유를 살짝 두르고 종이타월로 닦아낸 다음 달걀을 곱게 풀어 지단을 부친다. 완성된 지단은 2cm 폭으로 길게 자른다.

• • •

달걀지단은 자르지 말고 얇고 넓게 부쳐야 모양이 예쁘게 살아요.

미트볼 주먹밥

고기를 좋아하는 아이가 밥은 안 먹고 고기만 먹으려고 해서 생각해낸 주먹밥이에요.
밥과 고기, 갖은 채소를 모두 한 입에 쏙쏙 먹을 수 있어서 정말 좋아요.

영양구성

칼로리 320.58kcal
단백질 5.82g
지방 34.73g
탄수화물 23.67g
칼슘 32.62mg
비타민A 943.75μg
비타민C 9.59mg

 **2인분** 밥 1공기, 다진 쇠고기 150g, 다진 돼지고기 50g, 다진 양파 1큰술,
다진 당근 1큰술, 다진 피망 1큰술, 소금 조금, 식용유 적당량
고기 양념 간장 1큰술, 설탕 1/2큰술, 다진 파 1큰술, 다진 마늘 1/2큰술,
참기름 1/2큰술, 깨소금 1작은술, 후춧가루 조금
조림장 조청 3큰술, 청주 1큰술, 물 1/2컵

1 고기 반죽하기 다진 쇠
고기와 다진 돼지고기를
한데 담고 고기 양념을 넣
어 골고루 섞고 치댄다.

4 미트볼 만들기 동그랗
게 빚은 밥을 고기 반죽
으로 감싼다.

2 밥 양념하기 달군 팬에
기름을 두르고 다진 양파,
당근, 피망을 넣어 소금으
로 간해 볶는다. 볶은 채
소를 밥에 넣어 골고루 섞
는다.

5 팬에 굽기 달군 팬에
기름을 두르고 미트볼을
올려 굽는다.

3 동그랗게 빚기 ②의 밥
을 조금씩 덜어 한 입 크
기로 동그랗게 빚는다.

6 조림장에 조리기 미트
볼의 겉이 익으면 조림장
재료를 모두 넣고 양념이
골고루 배도록 조린다.

● ● ● ●
팬을 앞뒤로 흔들어가며 구우면 미트볼을 더 동글동글하게 구울 수 있어요.

새우 주먹밥

김밥보다 간단하고 쉬워서 바쁜 아침에 준비하기 좋은 도시락 메뉴랍니다.
명란젓의 감칠맛이 살아 있어 다른 반찬이 필요 없어요.

영양구성

칼로리 318.66kcal
단백질 23.89g
지방 7.3g
탄수화물 38.14g
칼슘 74.8mg
비타민A 97.65㎍
비타민C 8.55mg

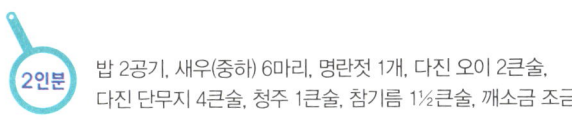

2인분 밥 2공기, 새우(중하) 6마리, 명란젓 1개, 다진 오이 2큰술, 다진 단무지 4큰술, 청주 1큰술, 참기름 1½큰술, 깨소금 조금

1 새우 손질하기 새우는 머리와 껍데기, 꼬리를 모두 떼고 내장도 빼낸다.

4 밥 양념하기 따뜻한 밥을 준비해 다진 오이와 다진 단무지, 볶은 명란젓, 참기름, 깨소금을 넣고 골고루 섞는다.

2 새우 데치기 냄비에 물 2컵을 끓인 다음 손질한 새우와 청주 1큰술을 넣고 데친다. 새우가 빨갛게 익으면 찬물에 헹궈 물기를 뺀다.

5 주먹밥 빚기 양념한 밥을 적당히 떼어 동그랗게 빚은 후 데친 새우를 하나씩 올려 밥에 살짝 박히도록 꾹 누른다.

3 명란젓 볶기 명란젓은 속만 긁어내 마른 팬에 고슬고슬하게 볶는다.

● ● ●
김밥을 만들어도 좋아요. 김을 깔고 그 위에 양념한 밥을 펼친 뒤 데친 새우를 작게 썰어 올려 돌돌 말면 된답니다.

주먹밥구이

주먹밥이 식었을 때 팬에 살짝 구우면 완전히 새롭고 근사한 맛이 돼요.
맛도 좋고 간편해서 자주 만들어 먹는 메뉴랍니다.

영양구성

칼로리 339.61kcal
단백질 10.86g
지방 9.94g
탄수화물 51.22g
칼슘 16.55mg
비타민A 52.05㎍
비타민B 5.6mg

 **2인분** 밥 1공기, 다진 쇠고기 50g, 구운 김 1장, 밀가루 1큰술, 달걀 1개, 참기름 1/2큰술, 소금 1/4작은술, 식용유 조금
쇠고기 양념 간장 1/2큰술, 설탕 2/3작은술, 다진 파 1/2작은술, 다진 마늘 1/4작은술, 깨소금 1/4작은술, 참기름 1/4작은술, 후춧가루 조금

1 쇠고기 양념해 볶기 다진 쇠고기에 쇠고기 양념을 모두 넣어 골고루 무친 다음 기름을 두른 팬에 고슬고슬하게 볶는다.

3 밀가루·달걀옷 입히기 달걀을 풀어 참기름, 소금을 섞는다. 주먹밥에 밀가루를 입히고 뭉친 가루를 털어낸 다음 달걀옷을 입힌다.

2 주먹밥 빚기 밥을 적당히 덜어 볶은 쇠고기를 속에 넣고 삼각 모양으로 빚은 뒤, 김을 가늘고 길게 잘라 테두리에 붙인다.

4 팬에 굽기 달군 팬에 기름을 두르고 달걀옷 입힌 주먹밥을 올려 앞뒤로 노릇하게 굽는다.

• • •

밀가루 대신 찹쌀가루나 쌀가루를 입혀 구워도 맛있어요.

베이컨 돌돌밥

아이의 소풍날이 다가오면 어떤 도시락을 싸야 할지 늘 고민이 되죠. 뭔가 특별한 것을 준비하고
싶다면 베이컨 돌돌밥을 만들어 주세요. 예쁜 모양 덕분에 친구들에게 인기 만점이에요.

영양구성

칼로리 372.36kcal
단백질 9.48g
지방 19.2g
탄수화물 39.71g
칼슘 21.42mg
비타민A 94.16μg
비타민C 19.49mg

 **2인분** 밥 1공기, 베이컨 7장, 애호박 1/4개, 참기름 1큰술, 식용유 1큰술

1 애호박 썰기 애호박을 가늘고 짧게 채 썬다.

4 베이컨으로 말기 ③의 밥을 베이컨에 올려 돌돌 만다.

2 볶음밥 만들기 달군 팬에 기름을 두르고 채 썬 애호박을 넣어 볶는다. 애호박이 다 익으면 불을 끄고 밥과 참기름을 넣어 골고루 섞는다.

5 팬에 굽기 마른 팬에 베이컨을 두른 밥을 올려 노릇하게 굽는다.

3 모양 빚기 볶음밥을 적당히 덜어 손에 쥐고 뭉쳐 타원형으로 빚는다.

· · ·

애호박 대신 집에 있는 자투리 채소를 활용해도 좋아요.

닭꼬치 도시락

길거리에서 쉽게 눈에 띄는 닭꼬치. 아이들이 참 좋아해서 반찬으로 이용하면 좋아요.
닭꼬치만 반찬으로 넣어 줘도 근사한 도시락이 된답니다.

영양구성

칼로리 324.21kcal
단백질 19.83g
지방 18.71g
탄수화물 17.9g
칼슘 48.09mg
비타민A 989.8μg
비타민C 4.07mg

 **2인분** 밥 1공기, 닭다리살 4쪽, 달걀 2개, 대파 1뿌리, 송송 썬 쪽파 1큰술, 맛간장 1작은술, 마요네즈 1큰술, 식용유 2큰술, 청주 1큰술, 후춧가루 조금
닭고기 양념 고추장 1큰술, 간장 1/2큰술, 토마토케첩 1큰술, 올리고당 1작은술, 설탕 1/2큰술, 고춧가루 1작은술, 다진 마늘 1/2작은술

1 대파 썰기 대파는 3cm 길이로 썬다.

4 닭고기 굽기 달군 팬에 양념한 닭고기를 올려 중간 불에서 굽는다.

2 닭고기 밑간하기 닭고기는 한 입 크기로 썰고 청주와 후춧가루를 뿌려 10분 정도 둔다.

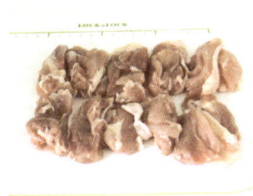

5 꼬치에 꿰어 굽기 꼬치에 구운 닭고기와 파를 번갈아 꿰어 기름 두른 팬에 올리고 남은 양념을 발라가며 굽는다.

3 닭고기 양념하기 닭고기 양념을 모두 섞어 밑간한 닭고기에 넣고 버무린 뒤 30분 정도 둔다.

6 볶음밥 만들기 팬에 달걀을 깨뜨려 스크램블드에그를 만든다. 스크램블드에그를 한쪽으로 밀어 두고 밥을 넣어 맛간장과 마요네즈로 버무린 다음 쪽파를 뿌리고 스크램블드에그와 함께 볶는다. 닭꼬치와 함께 담는다.

● ● ●
매운맛이 걱정된다면 고추장의 양을 조금 줄이고 줄인 만큼 토마토케첩을 더 넣으세요.

치킨마요 덮밥

유명 도시락 업체에서 크게 유행시킨 메뉴로 아이들에게 인기 만점이에요.
원래는 닭고기를 튀겨서 만들지만, 집에서 쉽게 만들 수 있는 방법을 알려드릴게요.

영양구성

칼로리 338.01kcal
단백질 14.88g
지방 16.54g
탄수화물 30.28g
칼슘 21.11mg
비타민A 131.6μg
비타민C 1.32mg

2인분 밥 1공기, 닭다리살 3쪽, 달걀 1개, 녹말가루 3큰술, 생강즙 2작은술,
소금·후춧가루 조금씩, 식용유 3큰술, 송송 썬 쪽파 조금, 마요네즈 조금, 김가루 조금
간장소스 간장 2큰술, 맛술 2큰술, 청주 2큰술, 설탕 1큰술, 물 1작은술

1 닭고기 씻기 닭고기를 흐르는 물에 깨끗이 씻어 종이타월로 물기를 닦는다.

4 지단채 만들기 달걀을 풀어 체에 한 번 내린 다음 기름 두른 팬에 지단을 부쳐 가늘게 채 썬다.

2 닭고기 밑간하기 닭고기에 생강즙, 소금, 후춧가루를 뿌려 10분 정도 둔다.

5 닭고기 굽기 밑간한 닭고기에 녹말가루를 골고루 묻혀 기름을 넉넉히 두른 팬에 굽는다. 다 익으면 한 입 크기로 썬다.

3 간장소스 끓이기 냄비에 간장, 맛술, 청주, 설탕, 물을 넣고 설탕이 녹을 정도로만 끓여 식힌다.

6 그릇에 담기 따뜻한 밥을 준비한 뒤 구운 닭고기와 지단채, 간장소스, 쪽파를 올린다. 마지막에 마요네즈와 김가루를 뿌린다.

• • •
닭고기를 구울 때 무거운 냄비나 팬으로 눌러주면 겉은 바삭바삭하게, 속은 완전히 익힐 수 있어요.

참치 컵밥

컵에 밥과 다양한 재료를 넣어 별도의 소스 없이도 먹을 수 있어요.
가지고 다니기 편하고 맛도 있어 인기 있는 도시락 메뉴 중 하나랍니다.

영양구성

칼로리 349.54kcal
단백질 19.3g
지방 13.4g
탄수화물 36.76g
칼슘 79.72mg
비타민A 913.7㎍
비타민C 4.1mg

 **2인분** 밥 2공기, 참치 통조림 1통(150g), 새우(중하) 8마리, 달걀 2개, 오이 1개, 새싹채소 1/3컵, 다진 양파 1큰술, 마요네즈 1½큰술, 소금 1/2작은술, 식용유 조금
밥 양념 참기름 1/2큰술, 깨소금 1큰술, 소금 1/4작은술

1 오이 썰기 오이는 길게 반 갈라 씨를 모두 긁어내고 얇게 썬 다음 소금을 뿌려 10분 정도 절인다.

4 지단채 만들기 달걀을 풀어 체에 내린 뒤 기름을 두른 팬에 달걀지단을 부친다. 완성된 지단은 가늘게 채 썬다.

2 새우 데치기 새우는 머리와 껍데기, 꼬리를 떼어내고 내장을 뺀다. 물 2컵을 끓여 청주 1큰술을 넣고 손질한 새우를 데친 뒤 물기를 뺀다.

5 밥 양념하기 따뜻한 밥에 참기름, 깨소금, 소금을 넣어 골고루 섞는다.

3 참치 양념하기 참치는 체에 밭쳐 기름을 쫙 뺀 다음 다진 양파와 마요네즈를 넣어 버무린다.

6 컵에 담기 컵에 밥을 조금씩 담으면서 중간 중간 참치, 오이, 새우, 지단채, 새싹채소를 넣어 밥과 재료가 층층이 쌓이도록 한다.

● ● ●
양파를 생으로 먹기에 아직 이른 아이에게는 다진 양파를 5분 정도 찬물에 담가 매운맛을 빼서 주세요.

라이스버거

처음 라이스버거가 나왔을 땐 정말 신기했는데, 이제는 집에서도 간단히 해 먹곤 한답니다.
우리 입맛에는 역시 밥이 최고지요.

영양구성

칼로리 368.24kcal
단백질 21.8g
지방 10.3g
탄수화물 45.6g
칼슘 87.28mg
비타민A 117.83㎍
비타민C 12.62mg

 **2인분** 밥 2공기, 양송이버섯 4개, 양파 1/4개, 후리가케 2큰술, 참기름 1큰술,
빵가루 1컵, 달걀물·밀가루 조금씩, 식용유 적당량
새우패티 새우살 150g, 다진 양파 2큰술, 다진 피망 1½큰술,
녹말가루 2큰술, 생강즙 1작은술, 소금·후춧가루 조금씩
버섯 양념 간장 2큰술, 설탕 1큰술, 맛술 1큰술, 다진 마늘 1/2작은술

1 새우살 다지기 새우살은 흐르는 물에 깨끗이 씻어 물기를 빼고 곱게 다진다.

4 밥 양념해 모양내기 따뜻한 밥을 준비해 후리가케와 참기름을 넣어 섞은 뒤 새우패티와 같은 크기로 동글납작하게 만든다.

2 새우패티 만들기 다진 새우살에 새우패티 재료를 모두 넣어 골고루 섞은 뒤 지름 6cm 크기로 동글납작하게 빚는다.

5 버섯·양파 볶기 양송이버섯은 저며 썰고 양파는 채 썰어 기름 두른 팬에 올리고 버섯 양념을 모두 넣고 골고루 볶는다.

3 새우패티 굽기 새우패티에 밀가루, 달걀물, 빵가루 순으로 옷을 입힌 뒤 기름을 넉넉히 두른 팬에 앞뒤로 바삭하게 굽는다.

6 밥 사이에 재료 넣기 동그랗게 빚은 밥 위에 구운 새우패티와 볶은 버섯, 양파를 올린 뒤 다시 밥으로 덮는다.

● ● ●
새우패티는 반찬으로도 훌륭해요. 반죽을 넉넉히 만들어 냉동실에 얼려두었다가 필요할
때 녹여서 밀가루, 달걀물, 빵가루를 묻혀 튀기면 맛있는 새우고로케가 완성돼요.

달걀 샌드위치

달걀만 있으면 뚝딱 만들 수 있는 간편 샌드위치예요.
간단한 재료에 비해 맛은 정말 좋아서 언제나 부담 없이 준비할 수 있답니다.

영양구성

칼로리 324.75kcal
단백질 8.65g
지방 25.72g
탄수화물 13.66g
칼슘 35.95mg
비타민A 160.25㎍
비타민C 3.78mg

2인분

크루아상 4~5개, 달걀 3개, 새싹채소 1줌, 올리브오일 1큰술, 버터 조금
달걀 양념 마요네즈 4큰술, 홀그레인 머스터드 1/2큰술, 꿀 2/3큰술,
레몬즙 1/2작은술, 파슬리가루 1/2작은술, 소금·후춧가루 조금씩

1 달걀 삶아 다지기 냄비
에 물과 달걀을 넣어 완
숙으로 16분 정도 삶는다.
삶은 달걀은 바로 찬물에
식혀 껍데기를 벗기고 잘
게 다진다.

3 새싹채소 버무리기 새
싹채소에 올리브오일을
끼얹어 버무린다.

2 달걀 양념하기 다진 달
걀에 달걀 양념을 모두 넣
고 골고루 버무린다.

4 크루아상에 속 넣기 크
루아상을 반 갈라 양쪽에
버터를 바르고 준비한 달
걀과 새싹채소를 넣는다.

● ● ●
집에 신선한 허브가 있다면 함께 넣으세요. 로즈메리, 딜 등 신선한 허브를 잘게 썰어 달걀
과 섞으면 특별하고 고급스러운 달걀 샌드위치를 만들 수 있어요.

감자 샌드위치

부드러운 모닝롤에 삶은 감자, 오이, 양파, 사과까지 넣어 만든 영양 만점 샌드위치예요.
우유 한 잔을 곁들이면 균형 잡힌 도시락이 된답니다.

영양구성

칼로리 330.35kcal
단백질 5.75g
지방 16.4g
탄수화물 40.46g
칼슘 30.62mg
비타민A 50.35µg
비타민C 21.8mg

 **2인분** 모닝롤 4개, 감자 2개, 오이 1/3개, 양파 1/6개, 다진 사과 4큰술, 다진 피클 3큰술, 생크림 1/3컵, 플레인 요구르트 2큰술, 마요네즈 3큰술, 소금 1/3작은술

1 감자 썰기 감자는 껍질을 벗기고 반달 모양으로 얇게 썬다.

2 오이·양파 절이기 오이는 반 갈라 씨를 긁어낸 뒤 얇게 썰고, 양파는 굵게 다진다. 오이와 양파에 소금을 뿌려 절인 뒤 물기를 꼭 짠다.

3 생크림에 감자 끓이기 냄비에 생크림을 붓고 얇게 썬 감자를 넣어 약한 불에서 끓인다.

4 감자 으깨기 감자가 어느 정도 익으면 주걱으로 으깨면서 약한 불로 끓인다. 이때 바닥이 타지 않도록 주의한다.

5 재료 섞기 볼에 으깬 감자와 오이, 양파, 다진 사과, 피클을 담고 마요네즈, 플레인 요구르트를 넣어 골고루 버무린다.

6 모닝롤에 속 넣기 모닝롤을 반 갈라 가운데에 ⑤를 가득 채워 넣는다.

• • •

생크림을 살 때 식물성 생크림이 아닌 동물성 생크림을 고르세요. 동물성 생크림은 우유 속 유지방에서 분리한 천연 크림이지만, 식물성 생크림은 콩, 코코넛 등에서 분리한 기름에 합성첨가물을 넣어 만든 인공 크림이랍니다.

우리 아이 생일상 차리기

요즘은 아이 생일을 패밀리레스토랑에서 많이 치르곤 하죠.
하지만 엄마가 준비하는 생일상만큼 사랑이 가득 담긴 선물은 없을 거예요.
아이들이 좋아하는 음식을 준비해 예쁘게 담고 색색의 풍선과 리본으로 분위기를 띄우면
한결 즐겁고 오래도록 기억에 남는 생일파티가 될 거예요.

미니 햄버거 ♥

앞에서 소개한 햄버그스테이크 레시피를 활용하면
미니 햄버거를 뚝딱 만들 수 있어요.
아이의 생일상에 엄마표 수제 버거를 올려보세요.
아이들 모두가 행복해 할 거예요.

5~6
인분

햄버그스테이크 반죽(p.178 참고) 300g
슬라이스 체더치즈 3장
토마토 1개
슬라이스 오이피클 10~12쪽
상추 5~6장, 모닝롤 5~6개
마요네즈·식용유 적당량씩

1 **재료 손질하기** 토마토는 0.5㎝ 두께로 썰고, 상추는 꼭지를 따서 깨끗이 씻은 뒤 오이피클
과 함께 종이타월에 올려 물기를 뺀다. 슬라이스 치즈는 반 자른다.

2 **빵 굽기** 모닝롤을 반 갈라 마른 팬에 안쪽만 살짝 굽는다.

3 **패티 굽기** 햄버그스테이크 반죽을 모닝롤보다 조금 넓고 동글납작하게 빚어 식용유를 두
른 팬에 앞뒤로 굽는다.

4 **햄버거 만들기** 구운 모닝롤 안쪽에 마요네즈를 얇게 펴 바르고 상추와 토마토, 패티, 피클,
치즈 순으로 올려 햄버거를 만든다.

닭봉 구이

어른 아이 누구나 좋아하는 치킨! 자극적이지 않고 맛있는 홈메이드 치킨을 만들어보세요. 튀기지 않고 오븐에 구워서 기름기 없이 담백하답니다.

닭봉 또는 닭날개 1kg, 감자 2개, 소금 조금, 식용유 2큰술
닭고기 양념 간장 4큰술, 굴소스 1큰술, 다진 마늘 2큰술,
맛술 2큰술, 황설탕 1½큰술

1 **닭고기 손질하기** 닭고기를 흐르는 물에 깨끗이 씻어 체에 밭친다.
2 **닭고기 양념하기** 양념 재료를 모두 섞은 다음 손질한 닭고기를 넣고 버무려 30분 이상 잰다.
3 **감자 썰기** 감자는 껍질을 벗기고 반 갈라 반달 모양으로 얇게 썬 다음, 소금을 뿌려 밑간하고 식용유를 바른다.
4 **닭고기 굽기** 오븐용 그릇에 양념한 닭과 감자를 담아 200℃로 예열한 오븐에 20분 정도 굽는다. 꺼내서 닭과 감자를 뒤집고 다시 오븐에 넣어 10분 정도 더 굽는다.

5~6 인분

콜슬로

새콤달콤한 콜슬로는 햄버거와 치킨, 스테이크 등 기름진 음식에 잘 어울리는 샐러드예요. 상큼한 맛이 입안을 개운하게 한답니다.

양배추 6장, 파프리카 1개, 양파 1/3개, 당근 1/3개,
통조림 옥수수 4큰술, 식초 2큰술, 설탕 2작은술
드레싱 마요네즈 3큰술, 식초 1작은술, 설탕 1작은술

1 **양배추·양파 절이기** 양배추와 양파를 가로세로 0.5cm 크기로 네모지게 썰어 식초와 설탕을 넣고 30분 정도 절인다.
2 **파프리카·당근 썰기** 파프리카와 당근은 가로세로 0.5cm 크기로 네모지게 썬 뒤, 종이타월로 눌러 물기를 없앤다.
3 **통조림 옥수수 물기 빼기** 통조림 옥수수는 체에 밭쳐 뜨거운 물을 끼얹은 뒤 물기를 뺀다.
4 **드레싱에 버무리기** 준비한 재료를 한데 섞고 드레싱을 넣어 골고루 버무린다.

5~6 인분

딸기 트라이플 ♥

트라이플은 케이크와 과일, 잼, 커스터드 크림,
견과, 초콜릿 등을 넣어 만드는 영국의 전통 디저트예요.
크게 만들어 파티 때 여럿이 나눠 먹어도 좋고,
작은 그릇에 담아 하나씩 내면 모양도 예쁘고 먹기도
편하답니다.

5~6
인분

카스텔라 적당량
딸기 150g
커스터드 크림(p.23 참고) 200g
생크림 200g, 황설탕 1/2컵
물 1/2컵

1 **시럽 만들기** 냄비에 물과 설탕을 넣고 설탕이 녹을 정도만 살짝 끓여 식힌다.

2 **카스텔라·딸기 준비하기** 모닝롤을 반 갈라 마른 팬에 안쪽만 살짝 굽는다.

3 **트라이플 크림 만들기** 생크림을 볼에 담고 거품기 또는 핸드믹서로 휘저어 단단하게 만든다. 거품 낸 생크림에 커스터드 크림을 넣어 섞는다.

4 **트라이플 만들기** 투명한 컵에 카스텔라를 담고 시럽을 골고루 바른 다음 크림을 담고 딸기를 올린다. 반복해서 재료를 층층이 쌓아 맨 위에 딸기가 오게 한다.

tip 좀 더 달콤한 트라이플 크림을 만들고 싶으면 커스터드 크림의 양을 늘리세요.

찾아보기

가나다순

조리별

좋은 재료보다
더 맛있는 요리법은
세상에 없습니다

재료의 참맛을 살리는
요리 에센스 연두

* 안심하고 사용해요! 순식물성 제품으로 콩을 발효하여 만들었으니까
* 깔끔해서 좋아요! 맑고 투명한 액상으로 요리의 색을 살려주니까
* 제 맛이 살아나요! 재료의 참맛은 살리고 전체적인 요리 맛은 조화롭게 해주니까

• 요리

반찬이 필요 없는 한 끼
한 그릇 밥·국수

별다른 반찬 없이 맛있게 먹을 수 있는 한 그릇 요리책. 덮밥, 볶음밥, 비빔밥, 비빔국수, 뜨거운 국수, 차가운 국수, 파스타 등 쉽고 맛있는 밥과 국수 114가지를 소개한다. 재료 계량법, 밥 짓기, 국수 삶기, 국물 내기 등 기본기도 알려줘 요리 초보도 쉽게 만들 수 있다. 함께 내면 좋은 곁들이 음식도 담았다.

장연정 지음 | 256쪽 | 188×245mm | 14,000원

기초부터 응용까지 이 책 한권이면 끝!
한복선의 친절한 요리책

요리 초보자를 위해 대한민국 최고의 요리전문가 한복선 선생님이 나섰다. 칼 잡는 법부터 재료 손질, 맛내기까지 친정엄마처럼 꼼꼼하고 친절하게 알려주는 이 책에는 국, 찌개, 반찬, 한 그릇 요리 등 대표 가정요리 221가지 레시피가 들어 있다.

한복선 지음 | 308쪽 | 188×254mm | 15,000원

지금 바로 쉽게 따라 할 수 있는 레시피
오늘요리

이것저것 갖춰 먹기 쉽지 않은 바쁜 현대인들을 위한 요리책. 각종 미디어에 레시피를 제공하고 요리 칼럼을 연재한 저자가 실생활에서 자주 해 먹는 요리들을 담아내 더욱 믿음이 간다. 간단하고 실용적인 레시피로 매 끼니 힘들이지 않고 식탁을 차려보자.

김경미 지음 | 216쪽 | 188×245mm | 13,000원

바쁜 직장인에게 꼭 맞춘 일주일 식단
매일매일 맛있는 집밥

경제적이고 풍성한 식탁을 위한 요리 가이드북. 일 년 동안 먹을 수 있는 370여 가지 요리가 담겨 있다. 월별로 파트를 나누어 봄·여름·가을·겨울에 어울리는 제철 식품으로 만든 다양한 요리를 소개한다. 요일별로 아침, 저녁 식단이 있어 반찬 걱정 없이 고른 영양 섭취를 할 수 있다.

손성희 지음 | 288쪽 | 210×265mm | 14,000원

먹을수록 건강해지는 우리 음식
나물이 좋다

기본 나물부터 향토 나물까지 다양한 나물 레시피 78가지를 담았다. 생채와 겉절이, 살짝 데쳐 무치는 무침나물, 양념해 볶는 볶음나물, 나물로 만드는 별미요리 등이 있다. 사계절 제철 나물과 고르기, 손질 요령 등도 정리했다.

리스컴 편집부 | 136쪽 | 210×265mm | 9,800원

내 몸에 약이 되는 우리 음식
우리몸엔 죽이 좋다

맛있고 몸에 좋은 건강죽을 담은 책. 우리 음식의 대가 한복선 요리연구가가 오랜 노하우를 담아 전통 죽은 물론, 현대인에게 필요한 영양죽, 약재를 넣어 건강을 되찾아주는 약죽 등을 소개한다.

한복선 지음 | 152쪽 | 210×265mm | 12,000원

대한민국 대표 요리책
한복선의 엄마의 밥상

최고의 요리전문가 한복선 선생님이 알려주는 엄마 손맛의 비결. 별미반찬, 국·찌개·전골, 한 그릇 한 끼, 우리 집 별식, 김치·장아찌·피클 등 일상요리가 다 들어 있다. 반찬 만들기 기본 테크닉 등도 자세히 소개되어 있다.

한복선 지음 | 280쪽 | 210×265mm | 13,000원

우리 식탁엔 우리 음식
일주일 밑반찬 사계절 장아찌

주부들의 반찬 고민을 덜어주는 밑반찬 요리책. 장조림, 마른반찬, 깻잎장아찌 등 대표 밑반찬과 슬로푸드 장아찌, 새콤달콤한 피클, 입맛 살리는 젓갈 75가지가 담겨 있다. 만들기 쉽고, 전통의 맛을 살린 레시피가 가득하다.

최승주 지음 | 144쪽 | 210×265mm | 9,800원

시간은 아끼고 영양은 높이고
5분 아침 식탁

아침밥을 챙기기 어려운 바쁜 현대인들을 위한 간단 아침식사 31가지. 여자영양대학의 교수진이 레시피를 개발해 영양 균형까지 고려했다. 미리 준비하면 좋은 채소 저장식, 가공식품, 소스 등도 함께 넣었다.

여자영양대학 지음 | 120쪽 | 180×230mm | 12,000원

빠르고 간단하게, 영양 많고 맛있게
Everyday 달걀

누구나 쉽게 만들어 건강하게 즐기는 달걀 레시피. 밥반찬부터 일품요리, 샐러드, 디저트, 음료까지 다양한 달걀요리를 담았다. 완전식품 달걀을 준비해 간단한 아침식사로, 건강을 위한 웰빙식으로, 날씬한 몸매를 가꾸는 다이어트식으로, 후다닥 준비하는 간식으로 멋지게 즐겨보자.

손성희 지음 | 136쪽 | 190×245mm | 10,000원

내 몸이 가벼워지는 시간
샐러드에 반하다

영양을 골고루 담은 한 끼 샐러드, 간편한 도시락 샐러드, 저칼로리 샐러드, 곁들이 샐러드 등 쉽고 맛있는 샐러드를 담았다. 칼로리를 조절할 수 있도록 총칼로리와 드레싱 칼로리를 함께 표시한 것이 특징이다. 다양한 맛의 45가지 드레싱도 알려준다.

장연정 지음 | 168쪽 | 210×256mm | 12,000원

로푸드 다이어트 레시피 103
로푸드 디톡스

로푸드는 체내의 독소를 제거하고 면역력을 높여줘 자연스럽게 다이어트까지 이어지도록 한다. 로푸드 레시피 103개와 주스 펄프 사용법, 활용도 만점 드레싱 등 플러스 레시피가 수록돼 있어 로푸드가 낯선 사람이라도 어렵지 않게 시작할 수 있도록 돕는다.

이지연 지음 | 216쪽 | 210×265mm | 12,000원

내 몸을 건강하게 하는 1주일 디톡스 프로그램
프레시 주스 & 그린 스무디

신선한 과일과 채소로 만든 66가지 주스 레시피를 담은 책. 주스뿐만 아니라 재료의 영양이 살아있는 스무디, 원기를 충전해주는 부스터 샷까지 있어 건강과 맛을 동시에 챙길 수 있다.

펀 그린 지음 | 이지은 옮김 | 164쪽 | 170×230mm | 12,000원

건강하고 예뻐지는 증상별 맞춤 주스
생생 비타민 주스

건강주스 152가지를 내 몸을 살리는 건강 주스, 사랑하는 남편을 위한 활력충전 주스, 여성을 위한 미용 주스, 내 아이를 위한 영양만점 주스 등으로 나누어 소개한 책. 각종 증상을 개선시키는 생주스 만드는 법도 담겨있다.

김경미 지음 | 이승남 감수 | 152쪽 | 190×245mm | 9,800원

가볍게 만들어 분위기 있게 즐기자
오늘은 샌드위치

초보자들도 쉽게 만들 수 있는 메뉴부터 전문점 못지않은 럭셔리한 종류까지 66가지의 다양한 샌드위치를 소개한 책. 기본 샌드위치, 스페셜 샌드위치, 토스트 & 핫 샌드위치, 버거 & 랩 샌드위치, 전문점 인기 샌드위치 등으로 파트를 나누어 입맛에 따라 선택할 수 있다.

안영숙 지음 | 128쪽 | 180×230mm | 10,000원

최고의 브런치 카페에서 추천한 인기 메뉴 57가지
잇 스타일 브런치

대표 브런치 카페와 인기 브런치 레시피를 알려주는 카페 가이드북 겸 요리책. 브런치를 유행시킨 '수지스'를 비롯해 유명 스타들의 단골 레스토랑 '다이닝텐트', 효자동의 '카페 고희' 등의 자세한 소개와 사진이 담겨있다.

리스컴 편집부 | 180쪽 | 180×260mm | 11,000원

천연 효모가 살아있는 건강 빵
천연발효빵

맛있고 몸에 좋은 천연발효빵을 소개한 책. 단순한 홈베이킹의 수준을 넘어 건강한 빵을 찾는 웰빙족을 위해 과일, 채소, 곡물 등으로 만드는 천연 발효종 20가지와 천연 발효종으로 굽는 건강빵 레시피 62가지를 담았다.

고상진 지음 | 200쪽 | 210×275mm | 13,000원

바쁜 사람도, 초보자도 누구나 쉽게 만든다
무반죽 원 볼 베이킹

누구나 쉽게 맛있고 건강한 빵을 만들 수 있도록 돕는 책. 61가지 무반죽 레시피와 전문가의 Plus Tip을 담았다. 이제 힘든 반죽 과정 없이 볼과 주걱만 있어도 집에서 간편하게 빵을 구울 수 있다. 초보자에게도, 바쁜 사람에게도 안성맞춤이다.

고상진 지음 | 200쪽 | 188×245mm | 14,000원

미니오븐으로 시작하는
쿠키·빵·케이크

초보자를 위한 미니오븐 베이킹 레시피 50가지. 바삭한 쿠키와 담백한 스콘, 다양한 머핀과 파운드케이크, 폼 나는 케이크와 타르트, 누구나 좋아하는 인기 빵까지 모두 담겨 있다. 베이킹을 처음 시작하는 사람에게 안성맞춤이다.

고상진 지음 | 144쪽 | 210×256mm | 12,000원

달콤한 나의 첫 베이킹 북
쁘띠 쿠키 레시피

플레인쿠키, 초코쿠키, 팬시쿠키, 과일쿠키, 매운쿠키, 견과쿠키 등 달콤한 쿠키 레시피 50개가 들어 있다. 베이킹을 처음 하는 초보자도 쉽게 따라할 수 있는 간단한 레시피로 구성되어 있으며, 응용할 수 있는 팁도 함께 넣었다.

스테이시 아디만도 지음 | 120쪽 | 170×220mm | 12,000원

• 인테리어ㅣDIY

쉬운 재단, 멋진 스타일
내추럴 스타일 원피스
직접 만들어 예쁘게 입는 27가지 스타일 원피스. 모든 원피스마다 단계별, 부위별로 자세한 과정을 일러스트로 설명해준다. S, M, L 사이즈로 나뉜 실물 크기 패턴도 함께 수록되어 있어 재봉틀을 처음 배우는 초보자라도 뚝딱 만들 수 있다.

부티크 지음 | 112쪽 | 210×256mm | 10,000원

트러블·잡티·잔주름 없는 명품 피부의 비결
홈메이드 천연화장품 만들기
피부를 건강하고 아름답게 만들어주는 홈메이드 천연화장품 레시피 북. 클렌저, 로션, 세럼, 팩, 보디 케어 제품, 비누, 목욕용품 등 고급스럽고 내추럴한 천연화장품 35가지가 담겨 있다. 단계별 사진과 함께 자세히 설명되어 있어 누구나 쉽게 만들 수 있다.

카렌 길버트 지음 | 152쪽 | 190×245mm | 13,000원

집 구하기부터 배치, 수납, 인테리어까지
한 권으로 끝내는 신혼 인테리어
집 구하기부터 공간 배치, 수납, 가구 고르기, 인테리어 장식에 이르기까지 신혼집 인테리어의 모든 것을 알려주는 책. 남다른 감각이나 특별한 기술이 없어도 이 책에서 가르쳐주는 각 테마별 가이드라인을 하나하나 따라가다 보면 전체적으로 정돈된 멋진 인테리어가 완성된다.

카와카미 유키 지음 | 234쪽 | 153×214mm | 13,000원

좁은 집 넓게 쓰는 인테리어 아이디어 54
집안을 확 바꾸는 수납의 기술
집 안을 어지럽히는 물건들을 쉽고 효율적으로 정리하는 수납 아이디어 북. 인테리어 전문가인 저자가 실제 사례를 바탕으로 다양한 상황에 적용할 수 있는 수납의 기술을 알려준다. 수납 방법을 한눈에 알 수 있는 그림이 특징이다.

카와카미 유키 지음 | 136쪽 | 170×220mm | 11,200원

작은 공간을 두 배로 늘려주는
정리와 수납 아이디어 343
'숨은 공간'을 활용하여 정리와 수납을 완성하도록 도와주는 책. 이 책에는 수납 전문가들의 노하우가 한가득 담겨있다. 기발한 아이디어를 사진으로 만나볼 수 있다. 다양한 사례를 접하다 보면 깔끔하게 정리하는 기술이 점점 눈에 들어올 것이다.

오렌지페이지 지음 | 128쪽 | 210×275mm | 10,000원

• 건강

아침 5분, 저녁 10분
스트레칭이면 충분하다
몸은 튼튼하게 몸매는 탄력있게 가꿀 수 있는 스트레칭 동작을 담은 책. 아침 5분, 저녁 10분이라도 꾸준히 스트레칭하면 하루하루가 몰라보게 달라질 것이다. 아침저녁 동작은 5분을 기본으로 구성, 좀 더 체계적인 스트레칭 동작을 위해 10분, 20분 과정도 소개했다.

박서희 지음 | 88쪽 | 215×290mm | 8,000원

아기는 건강하게, 엄마는 날씬하게
소피아의 임산부 요가
임산부의 건강과 몸매 유지를 위해 슈퍼모델이자 요가 트레이너인 박서희가 제안하는 맞춤 요가 프로그램. 임신 개월 수에 맞춰 필요한 동작을 사진과 함께 자세히 소개하고, 통증을 완화하는 요가, 남편과 함께 하는 커플 요가, 회복을 돕는 산후 요가 등도 담았다.

박서희 지음 | 176쪽 | 170×220mm | 12,000원

걷는 만큼 빠진다
워킹다이어트
슈퍼모델이자 퍼스널 트레이너인 김사라가 제안하는 걷기 다이어트 프로그램. 준비부터 기본자세, 운동 전후의 관리 등 걷기 다이어트의 모든 것을 알려준다. 전국의 걷기 좋은 곳도 소개되어 있다.

김사라 지음 | 136쪽 | 182×235mm | 12,000원

젊음과 건강을 유지하는 방법
착한 비타민 똑똑한 미네랄
대부분의 현대인이 비타민·미네랄 결핍을 겪고 있다. 다들 한두 가지 영양제는 먹고 있지만 '대충' 먹는다. 같은 성분이라도 성별과 연령, 증상에 따라 먹어야 효과를 볼 수 있다. 이승남 박사가 제시한 맞춤처방전으로 젊음과 건강을 유지하는 방법을 배워보자.

이승남 지음 | 184쪽 | 152×255mm | 10,000원

Body Shape & Healing
그녀들의 심플 요가
몸매도 가꾸고 정신적, 신체적 증상도 치유하는 요가 자세를 알려주는 책. 탄력 있는 몸매, 스트레스 해소, 건강, 치유, 해독, 심리안정등에 효과있는 48가지 요가 세를 소개한다. 심플한 구성과 정확하고 상세한 그림 설명이 특징이다.

에이미 루이스 지음 | 136쪽 | 170×220mm | 12,000원

• 육아

산부인과 의사가 들려주는 임신 출산 육아의 모든 것
똑똑하고 건강한 첫 임신 출산 육아

임신 전 계획부터 산후조리까지 현대를 살아가는 임신부를 위한 똑똑한 임신 출산 육아 교과서. 20년 산부인과 전문의가 인터넷 상담, 방송 출연 등을 통해 알게된, 임신부들이 가장 궁금해하는 것과 꼭 알아야 것들을 알려준다.

김건오 지음 | 352쪽 | 190×250mm | 17,000원

언제 어디서나 갖고 다니며 펼쳐보는
임신 출산 핸디북

가방 속에 갖고 다니면서 볼 수 있는 작은 크기의 임신 가이드북. 임신 준비부터 출산 직후까지 8개 챕터로 나누어 임신부가 알아야 할 기본 상식을 차근차근 알려준다.

사라 조던 · 데이비드 우프버그 지음 | 서예진 옮김 | 240쪽 |
140×185mm | 12,000원

초보 엄마가 꼭 알아야 할 육아 매뉴얼
사진으로 한눈에 익히는
0~12개월 아기 돌보기

초보 엄마 아빠에게 꼭 필요한 육아 가이드북. 출생 후 12개월까지 안아주기, 수유하기, 기저귀 갈기, 달래기, 목욕시키기 등 아이 돌보기의 모든 것이 풍부한 사진과 함께 상세히 설명되어 있어 쉽게 따라 할 수 있다.

프랜시스 윌리엄스 지음 | 112쪽 | 190×260mm | 10,000원

똑똑하고 감성적인 아이로 키우는
0~6세 아기와 책 읽기

태아 때부터 영유아기까지 아이의 나이와 상황에 맞는 책 읽기와 이야기 만들기, 아이와 교감하며 책 읽는 기술 등을 알려준다. 독서지도 전문가가 추천하는 책들을 물론, 내 아이를 주인공으로 하는 맞춤 이야기들도 소개되어 있다.

앨리슨 데이비스 지음 | 112쪽 | 190×260mm | 10,000원

엄마와 아기가 함께 하는 사랑의 스킨십
튼튼~ 쑥쑥~ 아기 마사지

전문가에게 직접 마사지를 받지 않아도 집에서 엄마의 손길로 해줄 수 있는 마사지 방법이 모두 소개되어 있다. 아기 몸의 특징, 베이비 마사지의 효과와 방법, 소화불량 · 식욕부진 · 변비 해소 등 아기의 다양한 증상별 마사지법이 담겨 있다.

야마다 미츠토시 지음 | 136쪽 | 140×185mm | 9,800원

• 어린이

늘 궁금했지만 부끄러워 물어볼 수 없었던 우리 몸의 모든 것!
꼬질꼬질 우리 몸의 비밀

여드름은 왜 생길까? 내가 먹은 음식이 어떻게 똥이 될까? 차마 창피해서 물어보지 못했던 비밀들! 이 책은 우리 몸에 관한 모든 궁금증들을 재미있고 유쾌하게 설명하고 있다. 우리 몸의 비밀을 하나씩 풀다 보면 나도 모르는 사이에 건강 상식을 배우게 되고, 우리 몸을 지키기 위한 올바른 습관도 익히게 된다.

폴 메이슨 지음 | 60쪽 | 193×260mm | 8,800원

생각을 키우는 철학 이야기
내 마음에게 물어봐요

철학으로 아이들의 마음을 위로하는 책. 나와 다른 사람, 세계, 사물, 삶과 죽음, 앞으로의 사회 등의 철학적인 문제에 대해 일상적으로 마주칠 수 있는 질문을 던져 아이들이 깊은 사고를 할 수 있도록 도와준다. 눈높이에 맞춘 질문과 대답을 통해 아이들은 사고력을 기르고 자신이 얼마나 소중하고 귀한 사람인지도 깨닫게 된다.

*2015 한국출판문화진흥재단
올해의 청소년 교양도서

박남희 지음 | 136쪽 | 180×240mm | 12,000원

우리말을 알면 국어 실력이 쑥쑥~
알나리깔나리, 우리말 맞아요?

일상의 이야기 속에서 우리말을 재미있게 익히게 하여, 아이들이 풍부한 어휘력을 갖추도록 하는 데 도움을 주는 책. 주인공 은솔이의 이야기를 따라가다 보면, 우리말을 쉽고 재미있게 익힐 수 있다. 우리말의 바른 쓰임새와 그 말에 얽힌 이야기도 담겨 있어 어휘력은 물론 글쓰기 능력도 키울 수 있다.

*2016 세종도서 교양부문 우수
도서

공주영 지음 | 144쪽 | 178x240mm | 11,200원

어린이를 위한 안전 동화
재난에서 살아남는 10가지 방법

재미있는 동화를 읽으면서 재난 상황에 대처하는 방법을 익히는 책이다. 폭우, 폭염, 등의 자연재해부터 화재, 조난 같은 인재사고까지 재난에 대한 동화 열 편을 담았다. 초등학생인 주인공이 공감을 불러일으키고, 긴장감 넘치는 스토리텔링은 자칫 지루할 수 있는 안전 교육을 흥미진진한 이야기로 기억하게 만든다.

강로사 · 류재향 지음 | 144쪽 | 180×240mm | 11,200원

어린이를 위한
세상을 바꾼 과학이야기

세상을 바꾼 발견과 발명, 과학자들에 관한 이야기. 나일론의 발명, 인간보다 먼저 우주를 비행한 개, 투탕카멘의 수수께끼 등 놀랍고 재미있는 이야기가 가득하다. 어렵고 복잡한 과학 이야기를 쉽고 재미있게 설명해 과학에 흥미를 느낄 수 있도록 도와주고, 아이들의 창의력과 도전의식을 높이는 데 도움이 된다.

*2013 한국과학창의재단 우수
과학도서

권기균 지음 | 192쪽 | 180×240mm | 11,200원

유익한 정보와 다양한 이벤트가 있는
리스컴 블로그로 놀러 오세요!

홈페이지 www.leescom.com
맛있는 책 카페 cafe.naver.com/leescom
리스컴 블로그 blog.naver.com/leescomm

지은이 | 박효선 서정호
스타일링 | 박선원 조현경

협찬 | 더플랏74(www.theflat74.com) 알퐁스공작소(www.alphonse.co.kr)
따뜻한식탁(www.warm-table.co.kr) 콩만한 커피 알만한 케익(031-396-1014)
(주)샘표 연두(www.sempio.com) 베란다스튜디오(www.ludicsun.blog.me)

편집 | 김연주 조유진 이희진
디자인 | 권원영 양혜민
마케팅 | 강동균 장기봉 이진목
경영관리 | 박태은

출력·인쇄 | HEP

펴낸이 | 이진희
펴낸곳 | (주)리스컴

초판 1쇄 | 2014년 4월 21일
초판 7쇄 | 2017년 12월 10일

주소 | 서울시 강남구 광평로 295, 사이룩스 서관 1302호
전화번호 | 대표번호 02-540-5192
영업부 02-544-5934, 5944
편집부 02-544-5922, 5933 / 540-5193
FAX | 02-540-5194
등록번호 | 제2-3348

ISBN 979-11-5616-014-4 13590
책값은 뒤표지에 있습니다.